SOCIAL WELFARE FOR PEOPLE WITH DISABILITIES

장애인
복지법

KB077590

머리말

　이 책은 자격시험을 준비하는 수험생들을 위해 만들었습니다. 자격시험은 수험 전략을 어떻게 짜느냐가 등락을 좌우합니다. 짧은 기간 내에 승부를 걸어야 하는 수험생들은 방대한 분량을 자신의 것으로 정리하고 이해해 나가는 과정에서 시간과 노력을 낭비하지 않도록 주의를 기울여야 합니다.

　수험생들이 법령을 공부하는 데 조금이나마 시간을 줄이고 좀 더 학습에 집중할 수 있도록 본서는 다음과 같이 구성하였습니다.

　첫째, 법률과 그 시행령 및 시행규칙, 그리고 부칙과 별표까지 자세하게 실었습니다.

　둘째, 법 조항은 물론 그와 관련된 시행령과 시행규칙을 한눈에 알아볼 수 있도록 체계적으로 정리하였습니다.

　셋째, 최근 법령까지 완벽하게 반영하여 별도로 찾거나 보완하는 번거로움을 줄였습니다.

　모쪼록 이 책이 수업생 여러분에게 많은 도움이 되기를 바랍니다. 쉽지 않은 여건에서 시간을 쪼개어 책과 씨름하며 자기개발에 분투하는 수험생 여러분의 건승을 기원합니다.

2023년 3월

법(法)의 개념

1. 법 정의
① 국가의 강제력을 수반하는 사회 규범.
② 국가 및 공공 기관이 제정한 법률, 명령, 조례, 규칙 따위이다.
③ 다 같이 자유롭고 올바르게 잘 살 것을 목적으로 하는 규범이며,
④ 서로가 자제하고 존중함으로써 더불어 사는 공동체를 형성해 가는 평화의 질서.

2. 법 시행
① 발안
② 심의
③ 공포
④ 시행

3. 법의 위계구조
① 헌법(최고의 법)
② 법률 : 국회의 의결 후 대통령이 서명 · 공포
③ 명령 : 행정기관에 의하여 제정되는 국가의 법령(대통령령, 총리령, 부령)
④ 조례 : 지방자치단체가 지방자치법에 의거하여 그 의회의 의결로 제정
⑤ 규칙 : 지방자치단체의 장(시장, 군수)이 조례의 범위 안에서 사무에 관하여 제정

4. 법 분류
① 공법 : 공익보호 목적(헌법, 형법)
② 사법 : 개인의 이익보호 목적(민법, 상법)
③ 사회법 : 인간다운 생활보장(근로기준법, 국민건강보험법)

5. 형벌의 종류
① 사형
② 징역 : 교도소에 구치(유기, 무기징역, 노역 부과)

③ 금고 : 명예 존중(노역 비부과)

④ 구류 : 30일 미만 교도소에서 구치(노역 비부과)

⑤ 벌금 : 금액을 강제 부담

⑥ 과태료 : 공법에서, 의무 이행을 태만히 한 사람에게 벌로 물게 하는 돈(경범죄처벌법, 교통범칙금)

⑦ 몰수 : 강제로 국가 소유로 권리를 넘김

⑧ 자격정지 : 명예형(名譽刑), 일정 기간 동안 자격을 정지시킴(유기징역 이하)

⑨ 자격상실 : 명예형(名譽刑), 일정한 자격을 갖지 못하게 하는 일(무기금고이상). 공법상 공무원이 될 자격, 피선거권, 법인 임원 등

차례

제1부

장애인복지법

제1장 총칙

제1조 목적

이 법은 장애인의 인간다운 삶과 권리보장을 위한 국가와 지방자치단체 등의 책임을 명백히 하고, 장애발생 예방과 장애인의 의료 · 교육 · 직업재활 · 생활환경개선 등에 관한 사업을 정하여 장애인복지대책을 종합적으로 추진하며, 장애인의 자립생활 · 보호 및 수당지급 등에 관하여 필요한 사항을 정하여 장애인의 생활안정에 기여하는 등 장애인의 복지와 사회활동 참여증진을 통하여 사회통합에 이바지함을 목적으로 한다.

제2조(장애인의 정의 등)

① "장애인"이란 신체적 · 정신적 장애로 오랫동안 일상생활이나 사회생활에서 상당한 제약을 받는 자를 말한다.

② 이 법을 적용받는 장애인은 제1항에 따른 장애인 중 다음 각 호의 어느 하나에 해당하는 장애가 있는 자로서 대통령령으로 정하는 장애의 종류 및 기준에 해당하는 자를 말한다.

  1. "신체적 장애"란 주요 외부 신체 기능의 장애, 내부기관의 장애 등을 말한다.

  2. "정신적 장애"란 발달장애 또는 정신 질환으로 발생하는 장애를 말한다.

③ "장애인학대"란 장애인에 대하여 신체적 · 정신적 · 정서적 · 언어적 · 성적 폭력이나 가혹행위, 경제적 착취, 유기 또는 방임을 하는 것을 말한다. 〈신설 2012. 10. 22., 2015. 6. 22.〉

④ "장애인학대관련범죄"란 장애인학대로서 다음 각 호의 어느 하나에 해당하는 죄를 말한다.
〈신설 2020. 12. 29.〉

  1. 「형법」 제2편제24장 살인의 죄 중 제250조(살인, 존속살해), 제252조(촉탁, 승낙에 의한 살인 등), 제253조(위계 등에 의한 촉탁살인 등) 및 제254조(미수범)의 죄

  2. 「형법」 제2편제25장 상해와 폭행의 죄 중 제257조(상해, 존속상해), 제258조(중상해, 존속중상해), 제258조의2(특수상해), 제259조(상해치사), 제260조(폭행, 존속폭행)제1항 · 제2항, 제261조(특수폭행) 및 262조(폭행치사상)의 죄

  3. 「형법」 제2편제28장 유기와 학대의 죄 중 제271조(유기, 존속유기)제1항 · 제2항, 제272조(영아유기), 제273조(학대, 존속학대), 제274조(아동혹사) 및 제275조(유기등 치사상)의 죄

  4. 「형법」 제2편제29장 체포와 감금의 죄 중 제276조(체포, 감금, 존속체포, 존속감금), 제

277조(중체포, 중감금, 존속중체포, 존속중감금), 제278조(특수체포, 특수감금), 제280조(미수범) 및 제281조(체포·감금등의 치사상)의 죄

5. 「형법」 제2편제30장 협박의 죄 중 제283조(협박, 존속협박)제1항·제2항, 제284조(특수협박) 및 제286조(미수범)의 죄

6. 「형법」 제2편제31장 약취, 유인 및 인신매매의 죄 중 제287조(미성년자의 약취, 유인), 제288조(추행 등 목적 약취, 유인 등), 제289조(인신매매) 및 제290조(약취, 유인, 매매, 이송 등 상해·치상), 제291조(약취, 유인, 매매, 이송 등 살인·치사) 및 제292조(약취, 유인, 매매, 이송된 사람의 수수·은닉 등) 및 제294조(미수범)의 죄

7. 「형법」 제2편제32장 강간과 추행의 죄 중 제297조(강간), 제297조의2(유사강간), 제298조(강제추행), 제299조(준강간, 준강제추행), 제300조(미수범), 제301조(강간 등 상해·치상), 제301조의2(강간등 살인·치사), 제302조(미성년자 등에 대한 간음), 제303조(업무상위력 등에 의한 간음) 및 제305조(미성년자에 대한 간음, 추행)의 죄

8. 「형법」 제2편제33장 명예에 관한 죄 중 제307조(명예훼손), 제309조(출판물 등에 의한 명예훼손) 및 제311조(모욕)의 죄

9. 「형법」 제2편제36장 주거침입의 죄 중 제321조(주거·신체 수색)의 죄

10. 「형법」 제2편제37장 권리행사를 방해하는 죄 중 제324조(강요) 및 제324조의5(미수범)(제324조의 죄에만 해당한다)의 죄

11. 「형법」 제2편제39장 사기와 공갈의 죄 중 제347조(사기), 제347조의2(컴퓨터등 사용사기), 제348조(준사기), 제350조(공갈), 제350조의2(특수공갈) 및 제352조(미수범)의 죄

12. 「형법」 제2편제40장 횡령과 배임의 죄 중 제355조(횡령, 배임), 제356조(업무상의 횡령과 배임) 및 제357조(배임수증재)의 죄

13. 「형법」 제2편제42장 손괴의 죄 중 제366조(재물손괴등)의 죄

14. 제86조제1항·제2항, 같은 조 제3항제3호, 같은 조 제4항제2호 및 같은 조 제5항의 죄

15. 「성매매알선 등 행위의 처벌에 관한 법률」 제18조 및 제23조(제18조의 죄에만 해당한다)의 죄

16. 「장애인차별금지 및 권리구제 등에 관한 법률」 제49조제1항의 죄

17. 「정보통신망 이용촉진 및 정보보호 등에 관한 법률」 제70조제1항 및 제2항의 죄

18. 「정신건강증진 및 정신질환자 복지서비스 지원에 관한 법률」 제84조제1호 및 제11호의 죄

19. 제1호부터 제18호까지의 죄로서 다른 법률에 따라 가중처벌되는 죄

제3조(기본이념)

장애인복지의 기본이념은 장애인의 완전한 사회 참여와 평등을 통하여 사회통합을 이루는 데에 있다.

제4조(장애인의 권리)

① 장애인은 인간으로서 존엄과 가치를 존중받으며, 그에 걸맞은 대우를 받는다.

② 장애인은 국가·사회의 구성원으로서 정치·경제·사회·문화, 그 밖의 모든 분야의 활동에 참여할 권리를 가진다.

③ 장애인은 장애인 관련 정책결정과정에 우선적으로 참여할 권리가 있다.

제5조(장애인 및 보호자 등에 대한 의견수렴과 참여)

국가 및 지방자치단체는 장애인 정책의 결정과 그 실시에 있어서 장애인 및 장애인의 부모, 배우자, 그 밖에 장애인을 보호하는 자의 의견을 수렴하여야 한다. 이 경우 당사자의 의견수렴을 위한 참여를 보장하여야 한다.

제6조(중증장애인의 보호)

국가와 지방자치단체는 장애 정도가 심하여 자립하기가 매우 곤란한 장애인(이하 "중증장애인"이라 한다)이 필요한 보호 등을 평생 받을 수 있도록 알맞은 정책을 강구하여야 한다.

제7조(여성장애인의 권익보호 등)

국가와 지방자치단체는 여성장애인의 권익을 보호하고 사회참여를 확대하기 위하여 기초학습과 직업교육 등 필요한 시책을 강구하여야 한다.

제8조(차별금지 등)

① 누구든지 장애를 이유로 정치·경제·사회·문화 생활의 모든 영역에서 차별을 받지 아니하고, 누구든지 장애를 이유로 정치·경제·사회·문화 생활의 모든 영역에서 장애인을 차별하여서는 아니 된다.

② 누구든지 장애인을 비하·모욕하거나 장애인을 이용하여 부당한 영리행위를 하여서는 아니 되며, 장애인의 장애를 이해하기 위하여 노력하여야 한다.

제9조(국가와 지방자치단체의 책임)

① 국가와 지방자치단체는 장애 발생을 예방하고, 장애의 조기 발견에 대한 국민의 관심을 높이며, 장애인의 자립을 지원하고, 보호가 필요한 장애인을 보호하여 장애인의 복지를 향상시킬 책임을 진다.

② 국가와 지방자치단체는 여성 장애인의 권익을 보호하기 위하여 정책을 강구하여야 한다.

③ 국가와 지방자치단체는 장애인복지정책을 장애인과 그 보호자에게 적극적으로 홍보하여야 하며, 국민이 장애인을 올바르게 이해하도록 하는 데에 필요한 정책을 강구하여야 한다.

제10조(국민의 책임)

모든 국민은 장애 발생의 예방과 장애의 조기 발견을 위하여 노력하여야 하며, 장애인의 인격을 존중하고 사회통합의 이념에 기초하여 장애인의 복지향상에 협력하여야 한다.

제10조의2(장애인정책종합계획)

① 보건복지부장관은 장애인의 권익과 복지증진을 위하여 관계 중앙행정기관의 장과 협의하여 5년마다 장애인정책종합계획(이하 "종합계획"이라 한다)을 수립 · 시행하여야 한다.

② 종합계획에는 다음 각 호의 사항이 포함되어야 한다.　　　　　　　　　〈개정 2021. 6. 8.〉

　　1. 장애인의 복지에 관한 사항

　　2. 장애인의 교육문화에 관한 사항

　　3. 장애인의 경제활동에 관한 사항

　　4. 장애인의 사회참여에 관한 사항

　　5. 장애인의 안전관리에 관한 사항

　　6. 그 밖에 장애인의 권익과 복지증진을 위하여 필요한 사항

③ 관계 중앙행정기관의 장은 장애인의 권익과 복지증진을 위하여 관련 업무에 대한 사업계획을 매년 수립 · 시행하여야 하고, 그 사업계획과 전년도의 사업계획 추진실적을 매년 보건복지부장관에게 제출하여야 한다.

④ 보건복지부장관은 제3항에 따라 제출된 사업계획과 추진실적을 종합하여 종합계획을 수립하되, 제11조에 따른 장애인정책조성위원회의 심의를 미리 거쳐야 한다. 종합계획을 변경하는 경우에도 또한 같다.

⑤ 보건복지부장관은 종합계획의 추진성과를 매년 평가하고, 그 결과를 종합계획에 반영할 필요가 있는 경우에는 제4항 후단에 따라 종합계획을 변경하거나 다음 종합계획을 수립할 때에 반영하여야 한다.

⑥ 제1항부터 제5항까지에서 규정한 사항 외에 종합계획의 수립 시기, 절차 및 방법 등에 관하여 필요한 사항은 대통령령으로 정한다.

[본조신설 2012. 1. 26.]

제10조의3(국회에 대한 보고)

보건복지부장관은 종합계획을 수립하거나 해당 연도의 사업계획, 전년도 사업계획의 추진실적, 추진성과의 평가를 확정한 때에는 이를 지체 없이 국회 소관 상임위원회에 보고하여야 한다.

[본조신설 2015. 6. 22.]

제11조(장애인정책조정위원회)

① 장애인 종합정책을 수립하고 관계 부처 간의 의견을 조정하며 그 정책의 이행을 감독·평가하기 위하여 국무총리 소속하에 장애인정책조정위원회(이하 "위원회"라 한다)를 둔다.

② 위원회는 다음 각 호의 사항을 심의·조정한다.

　　1. 장애인복지정책의 기본방향에 관한 사항

　　2. 장애인복지 향상을 위한 제도개선과 예산지원에 관한 사항

　　3. 중요한 특수교육정책의 조정에 관한 사항

　　4. 장애인 고용촉진정책의 중요한 조정에 관한 사항

　　5. 장애인 이동보장 정책조정에 관한 사항

　　6. 장애인정책 추진과 관련한 재원조달에 관한 사항

　　7. 장애인복지에 관한 관련 부처의 협조에 관한 사항

　　8. 그 밖에 장애인복지와 관련하여 대통령령으로 정하는 사항

③ 위원회는 필요하다고 인정되면 관계 행정기관에 그 직원의 출석·설명과 자료 제출을 요구할 수 있다.

④ 위원회는 제2항의 사항을 미리 검토하고 관계 기관 사이의 협조 사항을 정리하기 위하여 위원회에 장애인정책조정실무위원회(이하 "실무위원회"라 한다)를 둔다.

⑤ 위원회와 실무위원회의 구성·운영에 관하여 필요한 사항은 대통령령으로 정한다.

제12조(장애인정책책임관의 지정 등) ①중앙행정기관의 장은 해당 기관의 장애인정책을 효율적으로 수립·시행하기 위하여 소속공무원 중에서 장애인정책책임관을 지정할 수 있다.

②제1항에 따른 장애인정책책임관의 지정 및 임무 등에 관하여 필요한 사항은 대통령령으로 정한다.

제13조(지방장애인복지위원회) ①장애인복지 관련 사업의 기획·조사·실시 등을 하는 데에

필요한 사항을 심의하기 위하여 지방자치단체에 지방장애인복지위원회를 둔다.

　②제1항의 지방장애인복지위원회를 조직·운영하는 데에 필요한 사항은 대통령령으로 정하는 기준에 따라 지방자치단체의 조례로 정한다.

제14조(장애인의 날)

　① 장애인에 대한 국민의 이해를 깊게 하고 장애인의 재활의욕을 높이기 위하여 매년 4월 20일을 장애인의 날로 하며, 장애인의 날부터 1주간을 장애인 주간으로 한다.

　② 국가와 지방자치단체는 장애인의 날의 취지에 맞는 행사 등 사업을 하도록 노력하여야 한다.

제15조(다른 법률과의 관계)

　제2조에 따른 장애인 중 「국가유공자 등 예우 및 지원에 관한 법률」 등 대통령령으로 정하는 다른 법률을 적용 받는 장애인에 대하여는 대통령령으로 정하는 바에 따라 이 법의 적용을 제한할 수 있다. 〈개정 2016. 5. 29., 2021. 12. 21.〉

제16조(법제와 관련된 조치 등)

　국가와 지방자치단체는 이 법의 목적을 달성하기 위하여 필요한 법제(法制)·재정과 관련된 조치를 강구하여야 한다.

제2장 기본정책의 강구

제17조(장애발생 예방)

　① 국가와 지방자치단체는 장애의 발생 원인과 예방에 관한 조사 연구를 촉진하여야 하며, 모자보건사업의 강화, 장애의 원인이 되는 질병의 조기 발견과 조기 치료, 그 밖에 필요한 정책을 강구하여야 한다.

　② 국가와 지방자치단체는 교통사고·산업재해·약물중독 및 환경오염 등에 의한 장애발생을 예방하기 위하여 필요한 조치를 강구하여야 한다.

제18조(의료와 재활치료)

국가와 지방자치단체는 장애인이 생활기능을 익히거나 되찾을 수 있도록 필요한 기능치료와 심리치료 등 재활의료를 제공하고 장애인의 장애를 보완할 수 있는 장애인보조기구를 제공하는 등 필요한 정책을 강구하여야 한다.

제19조(사회적응 훈련)

국가와 지방자치단체는 장애인이 재활치료를 마치고 일상생활이나 사회생활을 원활히 할 수 있도록 사회적응 훈련을 실시하여야 한다.

제20조(교육)

① 국가와 지방자치단체는 사회통합의 이념에 따라 장애인이 연령·능력·장애의 종류 및 정도에 따라 충분히 교육받을 수 있도록 교육 내용과 방법을 개선하는 등 필요한 정책을 강구하여야 한다.

② 국가와 지방자치단체는 장애인의 교육에 관한 조사·연구를 촉진하여야 한다.

③ 국가와 지방자치단체는 장애인에게 전문 진로교육을 실시하는 제도를 강구하여야 한다.

④ 각급 학교의 장은 교육을 필요로 하는 장애인이 그 학교에 입학하려는 경우 장애를 이유로 입학 지원을 거부하거나 입학시험 합격자의 입학을 거부하는 등의 불리한 조치를 하여서는 아니 된다.

⑤ 모든 교육기관은 교육 대상인 장애인의 입학과 수학(修學) 등에 편리하도록 장애의 종류와 정도에 맞추어 시설을 정비하거나 그 밖에 필요한 조치를 강구하여야 한다.

제21조(직업)

① 국가와 지방자치단체는 장애인이 적성과 능력에 맞는 직업에 종사할 수 있도록 직업 지도, 직업능력 평가, 직업 적응훈련, 직업훈련, 취업 알선, 고용 및 취업 후 지도 등 필요한 정책을 강구하여야 한다.

② 국가와 지방자치단체는 장애인 직업재활훈련이 원활히 이루어질 수 있도록 장애인에게 적합한 직종과 재활사업에 관한 조사·연구를 촉진하여야 한다.

제22조(정보에의 접근)

① 국가와 지방자치단체는 장애인이 정보에 원활하게 접근하고 자신의 의사를 표시할 수 있도록 전기통신·방송시설 등을 개선하기 위하여 노력하여야 한다.

② 국가와 지방자치단체는 방송국의 장 등 민간 사업자에게 뉴스와 국가적 주요 사항의 중계 등 대통령령으로 정하는 방송 프로그램에 청각장애인을 위한 한국수어 또는 폐쇄자막과 시각장애인을 위한 화면해설 또는 자막해설 등을 방영하도록 요청하여야 한다. 〈개정 2016. 2. 3.〉

③ 국가와 지방자치단체는 국가적인 행사, 그 밖의 교육·집회 등 대통령령으로 정하는 행사를 개최하는 경우에는 청각장애인을 위한 한국수어 통역 및 시각장애인을 위한 점자 및 인쇄물 접근성바코드(음성변환용 코드 등 대통령령으로 정하는 전자적 표시를 말한다. 이하 이 조에서 같다)가 삽입된 자료 등을 제공하여야 하며 민간이 주최하는 행사의 경우에는 한국수어 통역과 점자 및 인쇄물 접근성바코드가 삽입된 자료 등을 제공하도록 요청할 수 있다.

〈개정 2012. 1. 26., 2016. 2. 3., 2017. 12. 19.〉

④ 제2항과 제3항의 요청을 받은 방송국의 장 등 민간 사업자와 민간 행사 주최자는 정당한 사유가 없으면 그 요청에 따라야 한다.

⑤ 국가와 지방자치단체는 시각장애인과 시청각장애인(시각 및 청각 기능이 손상된 장애인을 말한다. 이하 같다)이 정보에 쉽게 접근하고 의사소통을 원활하게 할 수 있도록 점자도서, 음성도서, 점자정보단말기 및 무지점자단말기 등 의사소통 보조기구를 개발·보급하고, 시청각장애인을 위한 의사소통 지원 전문인력을 양성·파견하기 위하여 노력하여야 한다.

〈개정 2019. 12. 3.〉

⑥ 국가와 지방자치단체는 장애인의 특성을 고려하여 정보통신망 및 정보통신기기의 접근·이용에 필요한 지원 및 도구의 개발·보급 등 필요한 시책을 강구하여야 한다.

제23조(편의시설)

① 국가와 지방자치단체는 장애인이 공공시설과 교통수단 등을 안전하고 편리하게 이용할 수 있도록 편의시설의 설치와 운영에 필요한 정책을 강구하여야 한다.

② 국가와 지방자치단체는 공공시설 등 이용편의를 위하여 한국수어 통역·안내보조 등 인적 서비스 제공에 관하여 필요한 시책을 강구하여야 한다. 〈개정 2016. 2. 3.〉

제24조(안전대책 강구)

국가와 지방자치단체는 추락사고 등 장애로 인하여 일어날 수 있는 안전사고와 비상재해 등에 대비하여 시각·청각 장애인과 이동이 불편한 장애인을 위하여 피난용 통로를 확보하고, 점자·음성·문자 안내판을 설치하며, 긴급 통보체계를 마련하는 등 장애인의 특성을 배려한 안전대책 등 필요한 조치를 강구하여야 한다.

제25조(사회적 인식개선 등)

① 국가와 지방자치단체는 학생, 공무원, 근로자, 그 밖의 일반국민 등을 대상으로 장애인에 대한 인식개선을 위한 교육 및 공익광고 등 홍보사업을 실시하여야 한다.

② 국가기관 및 지방자치단체의 장, 「영유아보육법」에 따른 어린이집, 「유아교육법」·「초·중등교육법」·「고등교육법」에 따른 각급 학교의 장, 그 밖에 대통령령으로 정하는 교육기관 및 공공단체(이하 "국가기관등"이라 한다)의 장은 매년 소속 직원·학생을 대상으로 장애인에 대한 인식개선을 위한 교육(이하 "인식개선교육"이라 한다)을 실시하고, 그 결과를 보건복지부장관에게 제출하여야 한다. 〈신설 2015. 12. 29., 2019. 12. 3.〉

③ 보건복지부장관은 인식개선교육의 실시 결과에 대한 점검을 대통령령으로 정하는 바에 따라 매년 실시하여야 한다. 〈신설 2019. 12. 3.〉

④ 보건복지부장관은 제3항에 따른 점검 결과 인식개선교육 이수율 등이 보건복지부장관이 정한 기준에 미치지 못하는 국가기관등에 대하여 대통령령으로 정하는 바에 따라 관리자(인식개선교육에 관한 업무를 총괄하여 책임지는 사람을 말한다. 이하 같다) 특별교육 등 필요한 조치를 하여야 한다. 〈신설 2019. 12. 3.〉

⑤ 보건복지부장관은 제3항에 따른 점검 결과를 대통령령으로 정하는 바에 따라 언론 등에 공표하여야 한다. 다만, 다른 법률에서 공표를 제한하고 있는 경우에는 그러하지 아니하다. 〈신설 2019. 12. 3.〉

⑥ 보건복지부장관은 제3항에 따른 점검 결과를 다음 각 호의 평가에 반영하도록 해당 평가를 실시하는 기관·단체의 장에게 요구할 수 있다. 〈신설 2019. 12. 3.〉

 1. 「정부업무평가 기본법」 제14조제1항 및 제18조제1항에 따른 중앙행정기관 및 지방자치단체의 자체평가

 2. 「공공기관의 운영에 관한 법률」 제48조제1항에 따른 공기업·준정부기관의 경영실적평가

 3. 「지방공기업법」 제78조제1항에 따른 지방공기업의 경영평가

 4. 「초·중등교육법」 제9조제2항에 따른 학교 평가

⑦ 보건복지부장관은 인식개선교육을 효과적으로 실시하기 위하여 전문강사를 양성하고 교육 프로그램을 개발·보급하여야 한다. 〈신설 2019. 12. 3.〉

⑧ 보건복지부장관은 인식개선교육의 효율적 지원 및 실시 결과의 관리 등을 위하여 인식개선교육 정보시스템을 구축·운영할 수 있다. 〈신설 2019. 12. 3.〉

⑨ 국가는 「초·중등교육법」에 따른 학교에서 사용하는 교과용도서에 장애인에 대한 인식개선을 위한 내용이 포함되도록 하여야 한다. 〈개정 2015. 12. 29., 2019. 12. 3.〉

⑩ 보건복지부장관은 대통령령으로 정하는 바에 따라 다음 각 호의 업무를 「공공기관의 운영에 관한 법률」 제4조에 따른 공공기관 중 장애인 복지향상을 설립목적으로 하는 공공기관에 위탁할 수 있다. 이 경우 보건복지부장관은 예산의 범위에서 업무 수행에 필요한 비용의 전부 또는 일부를 지원할 수 있다. 〈신설 2019. 12. 3.〉

1. 제3항 및 제4항에 따른 인식개선교육 실시 결과에 대한 점검과 관리자 특별교육

2. 제7항에 따른 전문강사 양성 및 교육프로그램 개발·보급

3. 제8항에 따른 인식개선교육 정보시스템 구축·운영

⑪ 제1항 및 제9항의 사업, 인식개선교육의 내용과 방법, 결과 제출 및 제8항에 따른 인식개선교육 정보시스템의 구축·운영 등에 필요한 사항은 대통령령으로 정한다. 〈개정 2015. 12. 29., 2019. 12. 3.〉

[제목개정 2019. 12. 3.]

제25조의2(인식개선교육의 위탁 등)

① 국가기관등의 장은 인식개선교육을 보건복지부장관이 지정하는 기관(이하 "인식개선교육기관"이라 한다)에 위탁할 수 있다.

② 인식개선교육기관의 장은 보건복지부령으로 정하는 바에 따라 인식개선교육을 실시하여야 하며, 국가기관등의 장 및 인식개선교육기관의 장은 교육 실시 관련 자료를 3년간 보관하고 국가기관등의 장이나 피교육자가 원하는 경우 그 자료를 내주어야 한다.

③ 인식개선교육기관은 보건복지부령으로 정하는 자격을 가진 전문강사를 1명 이상 두어야 한다.

④ 보건복지부장관은 인식개선교육기관이 다음 각 호의 어느 하나에 해당하면 그 지정을 취소할 수 있다. 다만, 제1호에 해당하는 경우에는 그 지정을 취소하여야 한다.

1. 거짓이나 그 밖의 부정한 방법으로 지정을 받은 경우

2. 정당한 사유 없이 제3항에 따른 전문강사를 6개월 이상 계속하여 두지 아니한 경우

⑤ 보건복지부장관은 제4항에 따라 인식개선교육기관의 지정을 취소하려면 청문을 하여야 한다.

⑥ 인식개선교육기관의 지정 기준 및 절차는 보건복지부령으로 정한다.

[본조신설 2019. 12. 3.]

제25조의3(홍보영상의 제작·배포·송출)

① 보건복지부장관은 장애인에 대한 차별·편견 및 학대의 예방과 방지 등에 관한 홍보영상을

제작하여 「방송법」 제2조제23호의 방송편성책임자에게 배포하여야 한다.

② 보건복지부장관은 「방송법」 제2조제3호에 따른 방송사업자에게 같은 법 제73조제4항에 따라 대통령령으로 정하는 비상업적 공익광고 편성비율의 범위에서 제1항의 홍보영상을 채널별로 송출하도록 요청할 수 있다.

③ 보건복지부장관은 「방송법」 제2조제12호의 전광판방송사업자에게 같은 법 제73조제4항에 따라 대통령령으로 정하는 비상업적 공익광고 편성비율의 범위에서 제1항의 홍보영상을 전광판으로 송출하도록 요청할 수 있다.

④ 제2항에 따른 방송사업자와 제3항에 따른 전광판방송사업자는 제1항의 홍보영상 외에 독자적인 홍보영상을 제작하여 송출할 수 있다. 이 경우 보건복지부장관에게 필요한 협조 및 지원을 요청할 수 있다.

[본조신설 2021. 12. 21.]

제26조(선거권 행사를 위한 편의 제공)

국가와 지방자치단체는 장애인이 선거권을 행사하는 데에 불편함이 없도록 편의시설·설비를 설치하고, 선거권 행사에 관하여 홍보하며, 선거용 보조기구를 개발·보급하는 등 필요한 조치를 강구하여야 한다.

제27조(주택 보급)

① 국가와 지방자치단체는 공공주택등 주택을 건설할 경우에는 장애인에게 장애 정도를 고려하여 우선 분양 또는 임대할 수 있도록 노력하여야 한다.

② 국가와 지방자치단체는 주택의 구입자금·임차자금 또는 개·보수비용의 지원 등 장애인의 일상생활에 적합한 주택의 보급·개선에 필요한 시책을 강구하여야 한다.

제28조(문화환경 정비 등)

국가와 지방자치단체는 장애인의 문화생활, 체육활동 및 관광활동에 대한 장애인의 접근을 보장하기 위하여 관련 시설 및 설비, 그 밖의 환경을 정비하고 문화생활, 체육활동 및 관광활동 등을 지원하도록 노력하여야 한다. 〈개정 2017. 9. 19.〉

제29조(복지 연구 등의 진흥)

① 국가와 지방자치단체는 장애인복지의 종합적이고 체계적인 조사·연구·평가 및 장애인 체육활동 등 장애인정책개발 등을 위하여 필요한 정책을 강구하여야 한다.

② 삭제 〈2018. 6. 12.〉

③ 삭제 〈2018. 6. 12.〉

④ 삭제 〈2018. 6. 12.〉

제29조의2(한국장애인개발원의 설립 등)

① 제29조제1항에 따른 장애인 관련 조사 · 연구 및 정책개발 · 복지진흥 등을 위하여 한국장애인개발원(이하 "개발원"이라 한다)을 설립한다.

② 개발원은 법인으로 한다.

③ 개발원은 다음 각 호의 사업을 수행한다.

1. 장애인복지에 관한 정보의 수집 · 분석 · 관리, 조사 · 연구 · 정책개발 및 국제개발 등의 국제협력 사업

2. 장애인에 대한 사회적 인식개선 등 장애인복지 관련 교육, 홍보, 컨설팅

3. 중증장애인 직업재활지원 및 재정지원 장애인일자리 개발 · 지원

4. 중증장애인생산품에 대한 공공기관의 우선구매 촉진 지원

5. 편의시설 설치 기술지원, 장애물 없는 생활환경 조성 등 장애인 편의증진 사업 지원

6. 장애인 재난안전 대응 지침 개발 · 보급 등 장애인 안전대책 강화를 위한 사업

7. 그 밖에 장애인복지와 관련하여 국가 또는 지방자치단체로부터 위탁받은 사업

④ 국가와 지방자치단체는 개발원의 운영 및 사업에 필요한 비용을 보조할 수 있다.

⑤ 개발원에 대하여 이 법과 「공공기관의 운영에 관한 법률」에서 규정한 사항을 제외하고는 「민법」 중 재단법인에 관한 규정을 준용한다.

[본조신설 2018. 6. 12.]

제30조(경제적 부담의 경감)

① 국가와 지방자치단체, 「공공기관의 운영에 관한 법률」 제4조에 따른 공공기관, 「지방공기업법」에 따른 지방공사 또는 지방공단은 장애인과 장애인을 부양하는 자의 경제적 부담을 줄이고 장애인의 자립을 촉진하기 위하여 세제상의 조치, 공공시설 이용료 감면, 그 밖에 필요한 정책을 강구하여야 한다.

② 국가와 지방자치단체, 「공공기관의 운영에 관한 법률」 제4조에 따른 공공기관, 「지방공기업법」에 따른 지방공사 또는 지방공단이 운영하는 운송사업자는 장애인과 장애인을 부양하는 자의 경제적 부담을 줄이고 장애인의 자립을 돕기 위하여 장애인과 장애인을 보호하기 위하여 동행하는 자의 운임 등을 감면하는 정책을 강구하여야 한다.

제30조의2(장애인 가족 지원)

① 국가와 지방자치단체는 장애인 가족의 삶의 질 향상 및 안정적인 가정생활 영위를 위하여 다음 각 호의 필요한 시책을 수립·시행하여야 한다.

1. 장애인 가족에 대한 인식개선 사업

2. 장애인 가족 돌봄 지원

3. 장애인 가족 휴식 지원

4. 장애인 가족 사례관리 지원

5. 장애인 가족 역량강화 지원

6. 장애인 가족 상담 지원

7. 그 밖에 보건복지부장관이 장애인 가족을 위하여 필요하다고 인정하는 지원

② 국가와 지방자치단체는 장애인 가족 지원 사업을 효율적으로 추진하기 위하여 장애인 관련 사업을 수행하는 기관·단체 등을 장애인 가족 지원 사업 수행기관(이하 "수행기관"이라 한다)으로 지정할 수 있다.

③ 국가와 지방자치단체는 수행기관이 다음 각 호의 어느 하나에 해당하는 경우에는 지정을 취소할 수 있다. 다만, 제1호에 해당하는 경우에는 지정을 취소하여야 한다.

1. 거짓이나 그 밖의 부정한 방법으로 지정을 받은 경우

2. 제4항에 따른 지정 기준에 적합하지 아니하게 된 경우

3. 정당한 사유 없이 장애인 가족 지원 사업을 수행하지 아니한 경우

④ 수행기관의 지정 기준·절차 등에 필요한 사항은 보건복지부령으로 정한다.

[본조신설 2017. 2. 8.]

제3장 복지 조치

제31조(실태조사)

① 보건복지부장관은 장애인 복지정책의 수립에 필요한 기초 자료로 활용하기 위하여 3년마다 장애실태조사를 실시하여야 한다.

② 제1항에 따른 장애실태조사의 방법, 대상 및 내용 등에 관하여 필요한 사항은 대통령령으로

정한다.

[전문개정 2012. 1. 26.]

제32조(장애인 등록)

① 장애인, 그 법정대리인 또는 대통령령으로 정하는 보호자(이하 "법정대리인등"이라 한다)는 장애 상태와 그 밖에 보건복지부령이 정하는 사항을 특별자치시장·특별자치도지사·시장·군수 또는 구청장(자치구의 구청장을 말한다. 이하 같다)에게 등록하여야 하며, 특별자치시장·특별자치도지사·시장·군수·구청장은 등록을 신청한 장애인이 제2조에 따른 기준에 맞으면 장애인등록증(이하 "등록증"이라 한다)을 내주어야 한다.
〈개정 2008. 2. 29., 2010. 1. 18., 2010. 5. 27., 2015. 6. 22., 2017. 2. 8.〉

② 삭제 〈2017. 2. 8.〉

③ 특별자치시장·특별자치도지사·시장·군수·구청장은 제1항에 따라 등록증을 받은 장애인의 장애 상태의 변화에 따른 장애 정도 조정을 위하여 장애 진단을 받게 하는 등 장애인이나 법정대리인등에게 필요한 조치를 할 수 있다.
〈개정 2017. 2. 8., 2017. 12. 19.〉

④ 장애인의 장애 인정과 장애 정도 사정(査定)에 관한 업무를 담당하게 하기 위하여 보건복지부에 장애판정위원회를 둘 수 있다.
〈개정 2008. 2. 29., 2010. 1. 18., 2017. 12. 19.〉

⑤ 등록증은 양도하거나 대여하지 못하며, 등록증과 비슷한 명칭이나 표시를 사용하여서는 아니 된다.

⑥ 특별자치시장·특별자치도지사·시장·군수·구청장은 제1항에 따른 장애인 등록 및 제3항에 따른 장애 상태의 변화에 따른 장애 정도를 조정함에 있어 장애인의 장애 인정과 장애 정도 사정이 적정한지를 확인하기 위하여 필요한 경우 대통령령으로 정하는 「공공기관의 운영에 관한 법률」 제4조에 따른 공공기관에 장애 정도에 관한 정밀심사를 의뢰할 수 있다.
〈신설 2010. 5. 27., 2015. 6. 22., 2015. 12. 29., 2017. 12. 19.〉

⑦ 삭제 〈2021. 7. 27.〉

⑧ 제1항 및 제3항부터 제6항까지에서 규정한 사항 외에 장애인의 등록, 등록증의 발급, 장애 진단 및 장애 정도에 관한 정밀심사, 장애판정위원회 등에 관하여 필요한 사항은 보건복지부령으로 정한다.
〈개정 2008. 2. 29., 2010. 1. 18., 2010. 5. 27., 2015. 12. 29., 2017. 2. 8., 2021. 7. 27.〉

제32조의2(재외동포 및 외국인의 장애인 등록)

① 재외동포 및 외국인 중 다음 각 호의 어느 하나에 해당하는 사람은 제32조에 따라 장애인 등록을 할 수 있다.
〈개정 2015. 12. 29., 2017. 12. 19.〉

1. 「재외동포의 출입국과 법적 지위에 관한 법률」 제6조에 따라 국내거소신고를 한 사람

2. 「주민등록법」 제6조에 따라 재외국민으로 주민등록을 한 사람

3. 「출입국관리법」 제31조에 따라 외국인등록을 한 사람으로서 같은 법 제10조제1항에 따른 체류자격 중 대한민국에 영주할 수 있는 체류자격을 가진 사람

4. 「재한외국인 처우 기본법」 제2조제3호에 따른 결혼이민자

5. 「난민법」 제2조제2호에 따른 난민인정자

② 국가와 지방자치단체는 제1항에 따라 등록한 장애인에 대하여는 예산 등을 고려하여 장애인 복지사업의 지원을 제한할 수 있다.

[본조신설 2012. 1. 26.]

제32조의3(장애인 등록 취소 등)

① 특별자치시장·특별자치도지사·시장·군수·구청장은 제32조제1항에 따라 등록증을 받은 사람(제3호의 경우에는 법정대리인등을 포함한다)이 다음 각 호의 어느 하나에 해당하는 경우에는 장애인 등록을 취소하여야 한다.

1. 사망한 경우

2. 제2조에 따른 기준에 맞지 아니하게 된 경우

3. 정당한 사유 없이 보건복지부령으로 정하는 기간 동안 제32조제3항에 따른 장애 진단 명령 등 필요한 조치를 따르지 아니한 경우

4. 장애인 등록 취소를 신청하는 경우

② 특별자치시장·특별자치도지사·시장·군수·구청장은 다음 각 호의 어느 하나에 해당하는 경우에는 제32조제1항에 따라 등록증을 받은 사람과 법정대리인등 및 부정한 방법으로 등록증을 취득한 사람 등에게 등록증의 반환을 명하여야 한다.

1. 제1항에 따라 장애인 등록이 취소된 경우

2. 중복발급 및 양도·대여 등 부정한 방법으로 등록증을 취득한 경우

③ 제2항에 따라 등록증 반환 명령을 받은 사람은 정당한 사유가 없으면 이에 따라야 한다.

④ 제1항 및 제2항에서 규정한 사항 외에 장애인 등록의 취소, 등록증의 반환 등에 필요한 사항은 보건복지부령으로 정한다.

[본조신설 2017. 2. 8.]

[종전 제32조의3은 제32조의4로 이동 〈2017. 2. 8.〉]

제32조의4(서비스 지원 종합조사)

① 보건복지부장관 또는 특별자치시장 · 특별자치도지사 · 시장 · 군수 · 구청장은 다음 각 호의 서비스 신청에 대하여 서비스의 수급자격, 양 및 내용 등의 결정에 필요한 서비스 지원 종합조사를 실시할 수 있다.

1. 「장애인활동 지원에 관한 법률」 제6조에 따른 활동지원급여 신청

2. 「장애인 · 노인 등을 위한 보조기기 지원 및 활용촉진에 관한 법률」 제8조에 따른 장애인 보조기기 교부 신청

3. 제60조의2에 따른 장애인 거주시설 이용 신청

4. 그 밖에 대통령령으로 정하는 서비스의 신청

② 보건복지부장관 또는 특별자치시장 · 특별자치도지사 · 시장 · 군수 · 구청장은 제1항에 따른 서비스 지원 종합조사를 실시하는 경우 보건복지부령으로 정하는 바에 따라 다음 각 호의 사항을 조사하고, 조사결과서를 작성하여야 한다. 다만, 제5호의 사항은 수급자격 결정 및 본인부담금 산정 등을 위하여 필요한 경우에만 조사하여야 한다.

1. 신청인의 서비스 이용현황 및 욕구

2. 신청인의 일상생활 수행능력 및 인지 · 행동 등 장애특성

3. 신청인의 가구특성, 거주환경, 사회활동 등 사회적 환경

4. 신청인에게 필요한 서비스의 종류 및 내용

5. 신청인과 그 부양의무자의 소득 및 재산 등 생활수준에 관한 사항

6. 그 밖에 신청인에게 서비스를 지원하기 위하여 필요한 사항으로서 보건복지부령으로 정하는 사항

③ 보건복지부장관 또는 특별자치시장 · 특별자치도지사 · 시장 · 군수 · 구청장은 제2항 각 호의 사항을 조사하기 위하여 필요한 자료를 확보하기 곤란한 경우에는 보건복지부령으로 정하는 바에 따라 신청인, 그 부양의무자 또는 그 밖의 관계인에게 소득 · 재산, 건강상태 및 장애 정도 등의 확인에 필요한 자료의 제출을 요구할 수 있다.

④ 보건복지부장관 또는 특별자치시장 · 특별자치도지사 · 시장 · 군수 · 구청장은 제1항 및 제2항에 따라 서비스 지원 종합조사를 실시하기 위하여 필요하다고 인정하는 경우에 국세 · 지방세, 토지 · 주택 · 건축물 · 자동차 · 선박 · 항공기, 국민건강보험 · 국민연금 · 고용보험 · 산업재해보상보험 · 보훈급여 · 군인연금 · 사립학교교직원연금 · 공무원연금 · 별정우체국연금 · 기초연금 · 장애인연금, 출국 또는 입국, 교정시설 · 치료감호시설의 입소 또는 출소, 병무, 매장 · 화장 · 장례, 주민등록 · 가족관계등록 등에 관한 자료의 제공을 관계 기관의 장에게 요청할 수 있다. 이 경우 자료 제공을 요청받은 관계 기관의 장은 정당한 사유가 없으

면 요청에 따라야 한다.

⑤ 제1항 및 제2항에 따라 서비스 지원 종합조사를 하는 사람은 그 권한을 표시하는 증표 및 조사기간, 조사범위, 조사담당자, 관계 법령 등 보건복지부령으로 정하는 사항이 기재된 서류를 지니고 이를 관계인에게 보여주어야 한다.

⑥ 보건복지부장관 또는 특별자치시장 · 특별자치도지사 · 시장 · 군수 · 구청장은 제1항 각 호의 서비스 신청과 관련하여 신청인과 그 밖의 관계인이 제2항에 따른 조사에 필요한 서류 · 자료의 제출 및 조사 · 질문 또는 제3항에 따른 자료 제출 요구를 두 번 이상 거부 · 방해 또는 기피하는 경우에는 제1항 각 호의 서비스 신청을 각하할 수 있다. 이 경우 서면으로 그 이유를 분명하게 밝혀 신청인과 그 밖의 관계인에게 통지하여야 한다.

⑦ 제2항에 따른 조사의 절차 등에 관하여 필요한 사항은 대통령령으로 정한다.

[본조신설 2017. 12. 19.]

[종전 제32조의4는 제32조의6으로 이동 〈2017. 12. 19.〉]

제32조의5(업무의 위탁)

① 보건복지부장관 또는 특별자치시장 · 특별자치도지사 · 시장 · 군수 · 구청장은 제32조의4에 따른 서비스 지원 종합조사 업무 중 일부를 대통령령으로 정하는 바에 따라 「공공기관의 운영에 관한 법률」 제4조에 따른 공공기관에 위탁할 수 있다.

② 국가와 지방자치단체는 제1항에 따라 업무를 위탁받은 공공기관에 대하여 예산의 범위에서 사업 수행에 필요한 비용의 전부 또는 일부를 지원할 수 있다.

[본조신설 2017. 12. 19.]

[종전 제32조의5는 제32조의8로 이동 〈2017. 12. 19.〉]

제32조의6(복지서비스에 관한 장애인 지원 사업)

① 국가와 지방자치단체는 제32조제1항에 따라 등록한 장애인에게 필요한 복지서비스가 적시에 제공될 수 있도록 다음 각 호의 장애인 지원 사업을 실시한다.   〈개정 2017. 12. 19.〉

1. 복지서비스에 관한 상담 및 정보 제공

2. 장애인학대 등 안전문제 또는 생계곤란 등 위기상황에 놓여있을 가능성이 높은 장애인에 대한 방문 상담

3. 복지서비스 신청의 대행

4. 장애인 개인별로 필요한 욕구의 조사 및 복지서비스 제공 계획의 수립 지원

5. 장애인과 복지서비스 제공 기관 · 법인 · 단체 · 시설과의 연계

6. 복지서비스 등 복지자원의 발굴 및 데이터베이스 구축

7. 그 밖에 복지서비스의 제공에 필요한 사업

② 국가와 지방자치단체는 제1항 각 호의 장애인 지원 사업을 수행하기 위하여 제58조의 장애인복지시설, 「발달장애인 권리보장 및 지원에 관한 법률」 제33조에 따른 발달장애인지원센터 등 관계 기관에 협력을 요청할 수 있다. 이 경우 국가와 지방자치단체는 예산의 범위에서 필요한 비용을 지원할 수 있다. 〈신설 2017. 12. 19.〉

③ 국가와 지방자치단체는 제1항에 따른 장애인 지원 사업을 대통령령으로 정하는 바에 따라 「공공기관의 운영에 관한 법률」 제4조에 따른 공공기관에 위탁할 수 있다. 이 경우 국가와 지방자치단체는 예산의 범위에서 사업 수행에 필요한 비용의 전부 또는 일부를 지원할 수 있다. 〈개정 2017. 12. 19.〉

④ 제1항부터 제3항까지에 규정된 사항 외에 장애인 지원 사업과 그 사업에 필요한 사항은 보건복지부령으로 정한다. 〈개정 2017. 12. 19.〉

[본조신설 2015. 6. 22.]

[제32조의4에서 이동 〈2017. 12. 19.〉]

제32조의7(민관협력을 통한 사례관리)

① 특별자치시장 · 특별자치도지사 · 시장 · 군수 · 구청장은 복지서비스가 필요한 장애인을 발굴하고 공공 및 민간의 복지서비스를 연계 · 제공하기 위하여 민관협력을 통한 사례관리를 실시할 수 있다.

② 제1항의 사례관리를 실시하기 위하여 민관협의체를 둘 수 있으며, 해당 지방자치단체에 「사회보장급여의 이용 · 제공 및 수급권자 발굴에 관한 법률」 제42조의2제1항의 통합사례관리를 수행하기 위한 민관협의체가 이미 설치되어 있는 경우 그 소속의 전문분과로 운영할 수 있다.

③ 민관협의체는 지역사회 내 관계 기관 · 법인 · 단체 · 시설이나 개인 등 민간부문과의 협력을 강화하기 위하여 노력하여야 하며, 특별자치시장 · 특별자치도지사 · 시장 · 군수 · 구청장은 민관협의체의 효율적 운영을 위하여 필요한 지원을 할 수 있다.

[본조신설 2017. 12. 19.]

제32조의8(장애 정도가 변동된 장애인 등에 대한 정보 제공)

① 특별자치시장 · 특별자치도지사 · 시장 · 군수 · 구청장은 제32조에 따른 장애인 등록 과정에서 장애 정도가 변동된 장애인, 제2조제2항에 따른 장애의 기준에 맞지 아니하게 된 장애인

과 장애인으로 등록되지 못한 신청인에게 장애 정도의 변동, 장애인 자격의 상실 등에 따른 지원의 변화에 대한 정보와 재활 및 자립에 필요한 각종 정보를 제공하여야 한다.

〈개정 2017. 12. 19.〉

② 제1항에 따른 정보 제공의 대상·기준 및 내용과 방법 등에 필요한 사항은 보건복지부령으로 정한다.

[본조신설 2015. 12. 29.]
[제목개정 2017. 12. 19.]
[제32조의5에서 이동 〈2017. 12. 19.〉]

제32조의9(자료의 요청)

① 제32조제6항에 따라 장애 정도에 관한 정밀심사를 의뢰받은 공공기관(이하 이 조에서 "정밀심사기관"이라 한다)은 국가기관, 지방자치단체, 그 밖에 대통령령으로 정하는 기관·법인·단체의 장에게 장애 인정과 장애 정도에 관한 정밀심사에 필요한 자료로서 건강보험 요양급여 실시내역 등 대통령령으로 정하는 자료의 열람 또는 사본의 교부를 요청할 수 있다. 이 경우 국가기관, 지방자치단체, 기관·법인·단체의 장은 특별한 사정이 없으면 그 요청에 따라야 하며, 정밀심사기관에 제공되는 자료에 대한 사용료, 수수료 등은 면제한다.

② 정밀심사기관은 필요한 경우 심사를 받으려는 본인이나 법정대리인등으로부터 동의를 받아 「의료법」에 따른 의료기관에 정밀심사에 필요한 자료로서 진료에 관한 사항의 열람 또는 사본 교부를 요청할 수 있다. 이 경우 요청을 받은 의료기관은 특별한 사유가 없으면 그 요청에 따라야 하며, 국가 및 지방자치단체는 예산의 범위에서 정밀심사기관에 제공되는 자료에 대한 사용료, 수수료 등을 지원할 수 있다.

③ 제1항 및 제2항에서 규정한 사항 외에 정밀심사기관의 자료 열람 또는 사본 교부 요청에 관하여 필요한 사항은 보건복지부령으로 정한다.

[본조신설 2021. 7. 27.]

제33조(장애인복지상담원)

① 장애인 복지 향상을 위한 상담 및 지원 업무를 맡기기 위하여 시·군·구(자치구를 말한다. 이하 같다)에 장애인복지상담원을 둔다.

② 장애인복지상담원은 그 업무를 할 때 개인의 인격을 존중하여야 한다.　　〈개정 2017. 12. 19.〉

③ 장애인복지상담원의 임용·직무·보수와 그 밖에 필요한 사항은 대통령령으로 정한다.

제34조(재활상담 등의 조치)

① 보건복지부장관, 특별시장·광역시장·특별자치시장·도지사·특별자치도지사 또는 시장·군수·구청장(이하 "장애인복지실시기관"이라 한다)은 장애인에 대한 검진 및 재활상담을 하고, 필요하다고 인정되면 다음 각 호의 조치를 하여야 한다. 〈개정 2008. 2. 29., 2010. 1. 18., 2015. 6. 22.〉

1. 국·공립병원, 보건소, 보건지소, 그 밖의 의료기관(이하 "의료기관"이라 한다)에 의뢰하여 의료와 보건지도를 받게 하는 것

2. 국가 또는 지방자치단체가 설치한 장애인복지시설에서 주거편의·상담·치료·훈련 등의 필요한 서비스를 받도록 하는 것

3. 제59조에 따라 설치된 장애인복지시설에 위탁하여 그 시설에서 주거편의·상담·치료·훈련 등의 필요한 서비스를 받도록 하는 것

4. 공공직업능력개발훈련시설이나 사업장 내 직업훈련시설에서 하는 직업훈련 또는 취업알선을 필요로 하는 자를 관련 시설이나 직업안정업무기관에 소개하는 것

② 장애인복지실시기관은 제1항의 재활 상담을 하는 데에 필요하다고 인정되면 제33조에 따른 장애인복지상담원을 해당 장애인의 가정 또는 장애인이 주거편의·상담·치료·훈련 등의 서비스를 받는 시설이나 의료기관을 방문하여 상담하게 하거나 필요한 지도를 하게 할 수 있다.

③ 장애인복지실시기관은 제58조제1항제1호에 따른 장애인 거주시설 이용자가 사망한 경우 그 자에 대한 장례를 행할 자가 없을 때에는 그 장례를 행하거나 해당 시설의 장으로 하여금 그 장례를 행하게 할 수 있다. 이 경우 장애인복지실시기관 또는 장애인 거주시설의 장은 사망자가 유류한 금전 또는 유가증권을 그 장례에 필요한 비용에 충당할 수 있으며, 부족이 있을 때에는 유류물품을 처분하여 그 대금을 이에 충당할 수 있다. 〈신설 2020. 12. 29.〉

④ 제3항 후단에 따른 장례비용 충당의 세부절차는 보건복지부령으로 정한다.

〈신설 2020. 12. 29.〉

[제목개정 2011. 3. 30.]

제35조(장애 유형·장애 정도별 재활 및 자립지원 서비스 제공 등)

① 국가와 지방자치단체는 장애인의 일상생활을 편리하게 하고 사회활동 참여를 높이기 위하여 장애 유형·장애 정도별로 재활 및 자립지원 서비스를 제공하는 등 필요한 정책을 강구하여야 하며, 예산의 범위 안에서 지원할 수 있다. 〈개정 2019. 12. 3.〉

② 국가와 지방자치단체는 시청각장애인을 대상으로 직업재활·의사소통·보행·이동 훈련,

심리상담, 문화 · 여가 활동 참여 및 가족 · 자조 모임 등을 지원하기 위하여 전담기관을 설치 · 운영하는 등 필요한 시책을 강구하여야 한다. 〈신설 2019. 12. 3.〉

제36조 삭제 〈2015. 12. 29.〉

제37조(산후조리도우미 지원 등)

① 국가 및 지방자치단체는 임산부인 여성장애인과 신생아의 건강관리를 위하여 경제적 부담능력 등을 고려하여 여성장애인의 가정을 방문하여 산전 · 산후 조리를 돕는 도우미(이하 "산후조리도우미"라 한다)를 지원할 수 있다. 〈개정 2021. 12. 21.〉

② 국가 및 지방자치단체는 제1항의 규정에 따른 산후조리도우미 지원사업에 대하여 보건복지부령이 정하는 바에 따라 정기적으로 모니터링(산후조리도우미 지원사업의 실효성 등을 확보하기 위한 정기적인 점검활동을 말한다)을 실시하여야 한다. 〈개정 2008. 2. 29., 2010. 1. 18.〉

③ 산후조리도우미 지원의 기준 및 방법 등에 관하여 필요한 사항은 대통령령으로 정한다.

제38조(자녀교육비 지급)

① 장애인복지실시기관은 경제적 부담능력 등을 고려하여 장애인이 부양하는 자녀 또는 장애인인 자녀의 교육비를 지급할 수 있다.

② 제1항에 따른 교육비 지급 대상 · 기준 및 방법 등에 관하여 필요한 사항은 보건복지부령으로 정한다. 〈개정 2008. 2. 29., 2010. 1. 18.〉

제39조(장애인이 사용하는 자동차 등에 대한 지원 등)

① 국가와 지방자치단체, 그 밖의 공공단체는 장애인이 이동수단인 자동차 등을 편리하게 사용할 수 있도록 하고 경제적 부담을 줄여 주기 위하여 조세감면 등 필요한 지원정책을 강구하여야 한다.

② 시장 · 군수 · 구청장은 장애인이 이용하는 자동차 등을 지원하는 데에 편리하도록 장애인이 사용하는 자동차 등임을 알아 볼 수 있는 표지(이하 "장애인사용자동차등표지"라 한다)를 발급하여야 한다.

③ 장애인사용자동차등표지를 대여하거나 보건복지부령이 정하는 자 외의 자에게 양도하는 등 부당한 방법으로 사용하여서는 아니 되며, 이와 비슷한 표지 · 명칭 등을 사용하여서는 아니 된다. 〈개정 2008. 2. 29., 2010. 1. 18.〉

④ 장애인사용자동차등표지의 발급 대상과 발급 절차 등에 관하여 필요한 사항은 보건복지부

령으로 정한다. <개정 2008. 2. 29., 2010. 1. 18.>

제40조(장애인 보조견의 훈련 · 보급 지원 등)

① 국가와 지방자치단체는 장애인의 복지 향상을 위하여 장애인을 보조할 장애인 보조견(補助犬)의 훈련 · 보급을 지원하는 방안을 강구하여야 한다.

② 보건복지부장관은 장애인 보조견에 대하여 장애인 보조견표지(이하 "보조견표지"라 한다)를 발급할 수 있다. <개정 2008. 2. 29., 2010. 1. 18.>

③ 누구든지 보조견표지를 붙인 장애인 보조견을 동반한 장애인이 대중교통수단을 이용하거나 공공장소, 숙박시설 및 식품접객업소 등 여러 사람이 다니거나 모이는 곳에 출입하려는 때에는 정당한 사유 없이 거부하여서는 아니 된다. 제4항에 따라 지정된 전문훈련기관에 종사하는 장애인 보조견 훈련자 또는 장애인 보조견 훈련 관련 자원봉사자가 보조견표지를 붙인 장애인 보조견을 동반한 경우에도 또한 같다. <개정 2012. 1. 26.>

④ 보건복지부장관은 장애인보조견의 훈련 · 보급을 위하여 전문훈련기관을 지정할 수 있다. <개정 2008. 2. 29., 2010. 1. 18.>

⑤ 보조견표지의 발급대상, 발급절차 및 전문훈련기관의 지정에 관하여 필요한 사항은 보건복지부령으로 정한다. <개정 2008. 2. 29., 2010. 1. 18.>

제41조(자금 대여 등)

국가와 지방자치단체는 장애인이 사업을 시작하거나 필요한 지식과 기능을 익히는 것 등을 지원하기 위하여 대통령령으로 정하는 바에 따라 자금을 대여할 수 있다.

제42조(생업 지원)

① 국가와 지방자치단체, 그 밖의 공공단체는 소관 공공시설 안에 식료품 · 사무용품 · 신문 등 일상생활용품을 판매하는 매점이나 자동판매기의 설치를 허가하거나 위탁할 때에는 장애인이 신청하면 우선적으로 반영하도록 노력하여야 한다.

② 시장 · 군수 또는 구청장은 장애인이 「담배사업법」에 따라 담배소매인으로 지정받기 위하여 신청하면 그 장애인을 우선적으로 지정하도록 노력하여야 한다.

③ 장애인이 우편법령에 따라 국내 우표류 판매업 계약 신청을 하면 우편관서는 그 장애인이 우선적으로 계약할 수 있도록 노력하여야 한다.

④ 제1항부터 제3항까지의 규정에 따른 허가 · 위탁 또는 지정 등을 받은 자는 특별한 사유가 없으면 직접 그 사업을 하여야 한다.

⑤ 제1항에 따른 설치 허가권자는 매점 · 자동판매기 설치를 허가하기 위하여 설치 장소와 판매할 물건의 종류 등을 조사하고 그 결과를 장애인에게 알리는 조치를 강구하여야 한다.

제43조(자립훈련비 지급)

① 장애인복지실시기관은 제34조제1항제2호 또는 제3호에 따라 장애인복지시설에서 주거편의 · 상담 · 치료 · 훈련 등을 받도록 하거나 위탁한 장애인에 대하여 그 시설에서 훈련을 효과적으로 받는 데 필요하다고 인정되면 자립훈련비를 지급할 수 있으며, 특별한 사정이 있으면 훈련비 지급을 대신하여 물건을 지급할 수 있다.

② 제1항에 따른 자립훈련비의 지급과 물건의 지급 등에 관하여 필요한 사항은 보건복지부령으로 정한다. 〈개정 2008. 2. 29., 2010. 1. 18.〉

제44조(생산품 구매)

국가, 지방자치단체 및 그 밖의 공공단체는 장애인복지시설과 장애인복지단체에서 생산한 물품의 우선 구매에 필요한 조치를 마련하여야 한다.

[전문개정 2012. 1. 26.]

제45조 삭제 〈2017. 12. 19.〉

제45조의2 삭제 〈2017. 12. 19.〉

제46조(고용 촉진)

국가와 지방자치단체는 직접 경영하는 사업에 능력과 적성이 맞는 장애인을 고용하도록 노력하여야 하며, 장애인에게 적합한 사업을 경영하는 자에게 장애인의 능력과 적성에 따라 장애인을 고용하도록 권유할 수 있다.

제46조의2(장애인 응시자에 대한 편의제공)

① 국가, 지방자치단체 및 대통령령으로 정하는 기관 · 단체의 장은 해당 기관 · 단체가 실시하는 자격시험 및 채용시험 등에 있어서 장애인 응시자가 비장애인 응시자와 동등한 조건에서 시험을 치를 수 있도록 편의를 제공하여야 한다.

② 제1항에 따른 편의제공 대상 시험의 범위는 대통령령으로 정하고, 편의제공의 내용 · 기준 · 방법 등에 필요한 사항은 보건복지부령으로 정한다.

[본조신설 2015. 12. 29.]

제47조(공공시설의 우선 이용) 국

가와 지방자치단체, 그 밖의 공공단체는 장애인의 자립을 지원하는 데에 필요하다고 인정되면 그 공공시설의 일부를 장애인이 우선 이용하게 할 수 있다.

제48조(국유·공유 재산의 우선매각이나 유상·무상 대여)

① 국가와 지방자치단체는 이 법에 따른 장애인복지시설을 설치하거나 장애인복지단체가 장애인복지사업과 관련한 시설을 설치하는 데에 필요할 경우 「국유재산법」 또는 「공유재산 및 물품 관리법」 에도 불구하고 국유재산 또는 공유재산을 우선 매각할 수 있고 유상 또는 무상으로 대부하거나 사용·수익하게 할 수 있다.　　　　　　　　　　　　　〈개정 2013. 7. 30.〉

② 국가와 지방자치단체는 제1항에 따라 국가나 지방자치단체로부터 토지와 시설을 매수·임차하거나 대부받은 자가 그 매수·임차 또는 대부한 날부터 2년 이내에 장애인복지시설을 설치하지 아니하거나 장애인복지단체의 장애인복지사업 관련 시설을 설치하지 아니할 때에는 토지와 시설을 환수하거나 임차계약을 취소할 수 있다.

제49조(장애수당)

① 국가와 지방자치단체는 장애인의 장애 정도와 경제적 수준을 고려하여 장애로 인한 추가적 비용을 보전(補塡)하게 하기 위하여 장애수당을 지급할 수 있다. 다만, 「국민기초생활 보장법」 제7조제1항제1호에 따른 생계급여 또는 같은 항 제3호에 따른 의료급여를 받는 장애인에게는 장애수당을 반드시 지급하여야 한다.　　　　　〈개정 2012. 1. 26., 2015. 12. 29.〉

② 제1항에도 불구하고 「장애인연금법」 제2조제1호에 따른 중증장애인에게는 제1항에 따른 장애수당을 지급하지 아니한다.　　　　　　　　　　　　　　〈신설 2010. 4. 12.〉

③ 국가와 지방자치단체는 제1항에 따라 장애수당을 지급하려는 경우에는 장애수당을 받으려는 사람의 장애 정도에 대하여 심사할 수 있다.　　　　　　　　　〈신설 2017. 2. 8.〉

④ 국가와 지방자치단체는 장애수당을 지급받으려는 사람이 제3항에 따른 장애 정도의 심사를 거부·방해 또는 기피하는 경우에는 제1항에도 불구하고 장애수당을 지급하지 아니할 수 있다.　　　　　　　　　　　　　　　　　　　　　　　　　〈신설 2017. 2. 8.〉

⑤ 제1항에 따른 장애수당의 지급 대상·기준·방법 및 제3항에 따른 심사 대상·절차·방법 등에 관하여 필요한 사항은 대통령령으로 정한다.　　　　〈개정 2010. 4. 12., 2017. 2. 8.〉

제50조(장애아동수당과 보호수당)

① 국가와 지방자치단체는 장애아동에게 보호자의 경제적 생활수준 및 장애아동의 장애 정도를 고려하여 장애로 인한 추가적 비용을 보전(補塡)하게 하기 위하여 장애아동수당을 지급할 수 있다.

② 국가와 지방자치단체는 장애인을 보호하는 보호자에게 그의 경제적 수준과 장애인의 장애 정도를 고려하여 장애로 인한 추가적 비용을 보전하게 하기 위하여 보호수당을 지급할 수 있다.

③ 제1항과 제2항에 따른 장애아동수당과 보호수당의 지급 대상·기준 및 방법 등에 관하여 필요한 사항은 대통령령으로 정한다.

제50조의2(자녀교육비 및 장애수당 등의 지급 신청)

① 제38조에 따른 자녀교육비(이하 "자녀교육비"라 한다), 제49조 및 제50조에 따른 장애수당, 장애아동수당 및 보호수당(이하 "장애수당등"이라 한다)을 지급받으려는 사람은 보건복지부령으로 정하는 바에 따라 특별자치시장·특별자치도지사·시장·군수·구청장에게 자녀교육비 및 장애수당등의 지급을 신청할 수 있다. 〈개정 2015. 6. 22.〉

② 제1항에 따라 신청을 할 때에 신청인과 그 가구원(「국민기초생활 보장법」 제2조제8호에 따른 개별가구의 가구원을 말한다. 이하 같다)은 대통령령으로 정하는 바에 따라 다음 각 호의 자료 또는 정보의 제공에 동의한다는 서면을 제출하여야 한다. 〈개정 2017. 2. 8.〉

1. 「금융실명거래 및 비밀보장에 관한 법률」 제2조제2호 및 제3호에 따른 금융자산 및 금융거래의 내용에 대한 자료 또는 정보 중 예금의 평균잔액과 그 밖에 대통령령으로 정하는 자료 또는 정보(이하 "금융정보"라 한다)

2. 「신용정보의 이용 및 보호에 관한 법률」 제2조제1호에 따른 신용정보 중 채무액과 그 밖에 대통령령으로 정하는 자료 또는 정보(이하 "신용정보"라 한다)

3. 「보험업법」 제4조제1항 각 호에 따른 보험에 가입하여 납부한 보험료와 그 밖에 대통령령으로 정하는 자료 또는 정보(이하 "보험정보"라 한다)

[본조신설 2012. 1. 26.]

제50조의3(금융정보등의 제공)

① 보건복지부장관은 「금융실명거래 및 비밀보장에 관한 법률」 제4조와 「신용정보의 이용 및 보호에 관한 법률」 제32조에도 불구하고 제50조의2제2항에 따라 신청인과 그 가구원이 제출한 동의 서면을 전자적 형태로 바꾼 문서로 「금융실명거래 및 비밀보장에 관한 법률」

제2조제1호에 따른 금융회사등이나 「신용정보의 이용 및 보호에 관한 법률」 제2조제6호에 따른 신용정보집중기관(이하 "금융기관등"이라 한다)의 장에게 금융정보·신용정보 또는 보험정보(이하 "금융정보등"이라 한다)의 제공을 요청할 수 있다.

② 보건복지부장관은 자녀교육비 및 장애수당등을 받고 있는 사람(이하 "수급자"라 한다)에 대한 그 지급의 적정성을 확인하기 위하여 필요하다고 인정하는 경우 「금융실명거래 및 비밀보장에 관한 법률」 제4조와 「신용정보의 이용 및 보호에 관한 법률」 제32조에도 불구하고 대통령령으로 정하는 기준에 따라 인적 사항을 기재한 문서(전자문서를 포함한다)로 금융기관등의 장에게 수급자와 그 가구원의 금융정보등의 제공을 요청할 수 있다.

③ 제1항 및 제2항에 따라 금융정보등의 제공을 요청받은 금융기관등의 장은 「금융실명거래 및 비밀보장에 관한 법률」 제4조와 「신용정보의 이용 및 보호에 관한 법률」 제32조에도 불구하고 명의인의 금융정보등을 제공하여야 한다.

④ 제3항에 따라 금융정보등을 제공한 금융기관등의 장은 금융정보등의 제공 사실을 명의인에게 통보하여야 한다. 다만, 명의인이 동의하는 경우에는 「금융실명거래 및 비밀보장에 관한 법률」 제4조의2제1항과 「신용정보의 이용 및 보호에 관한 법률」 제32조제7항에도 불구하고 통보하지 아니할 수 있다. 〈개정 2015. 3. 11.〉

⑤ 제1항부터 제3항까지의 규정에 따른 금융정보등의 제공 요청 및 제공은 「정보통신망 이용촉진 및 정보보호 등에 관한 법률」 제2조제1항제1호에 따른 정보통신망을 이용하여야 한다. 다만, 정보통신망이 손상되는 등 불가피한 경우에는 그러하지 아니하다.

⑥ 제1항부터 제3항까지의 규정에 따른 업무에 종사하거나 종사하였던 사람은 업무를 수행하면서 취득한 금융정보등을 이 법에서 정한 목적 외의 다른 용도로 사용하거나 다른 사람 또는 기관에 제공하거나 누설하여서는 아니 된다.

⑦ 제1항부터 제3항까지 및 제5항에 따른 금융정보등의 제공 요청 및 제공 등에 필요한 사항은 대통령령으로 정한다.

[본조신설 2012. 1. 26.]

제50조의4(장애인복지급여수급계좌)

① 특별자치시장·특별자치도지사·시장·군수·구청장은 수급자의 신청이 있는 경우에는 자녀교육비 및 장애수당등을 수급자 명의의 지정된 계좌(이하 "장애인복지급여수급계좌"라 한다)로 입금하여야 한다. 다만, 정보통신장애나 그 밖에 대통령령으로 정하는 불가피한 사유로 장애인복지급여수급계좌로 이체할 수 없을 때에는 현금 지급 등 대통령령으로 정하는 바에 따라 자녀교육비 및 장애수당등을 지급할 수 있다.

② 장애인복지급여수급계좌가 개설된 금융기관은 이 법에 따른 자녀교육비 및 장애수당등만이 장애인복지급여수급계좌에 입금되도록 관리하여야 한다.

③ 제1항에 따른 신청 방법·절차와 제2항에 따른 장애인복지급여수급계좌의 관리에 필요한 사항은 대통령령으로 정한다.

[본조신설 2016. 5. 29.]

제51조(자녀교육비 및 장애수당등의 환수) ① 특별자치시장·특별자치도지사·시장·군수·구청장은 자녀교육비 및 장애수당등을 받은 사람이 다음 각 호의 어느 하나에 해당하면 그가 받은 자녀교육비 및 장애수당등의 전부 또는 일부를 환수하여야 한다. 〈개정 2015. 6. 22.〉

　　1. 거짓이나 그 밖의 부정한 방법으로 자녀교육비 및 장애수당등을 받은 경우

　　2. 자녀교육비 및 장애수당등을 받은 후 그 자녀교육비 및 장애수당등을 받게 된 사유가 소급하여 소멸된 경우

　　3. 잘못 지급된 경우

② 특별자치시장·특별자치도지사·시장·군수·구청장은 자녀교육비 및 장애수당등을 받은 사람이 제1항 각 호의 사유에 해당하여 일정한 기간을 정하여 반환요청을 하였으나 그 기간 내에 반환하지 아니하면 국세 또는 지방세 체납처분의 예에 따라 징수할 수 있다.

〈개정 2015. 6. 22.〉

③ 특별자치시장·특별자치도지사·시장·군수·구청장은 제2항에 따라 자녀교육비 및 장애수당등을 징수할 때 반환하여야 할 사람이 행방불명되거나 재산이 없거나 그 밖에 대통령령으로 정하는 사유가 있어 환수가 불가능하다고 인정할 때에는 결손처분할 수 있다.

〈개정 2015. 6. 22.〉

④ 제3항에 따른 결손처분의 대상, 방법, 그 밖의 필요한 사항은 대통령령으로 정한다.

[전문개정 2012. 1. 26.]

제52조(장애인의 재활 및 자립생활의 연구)

① 국가와 지방자치단체는 장애인 재활 및 자립생활에 대하여 종합적이고 체계적으로 조사·연구·평가하기 위하여 전문 연구기관에 장애예방·의료·교육·직업재활 및 자립생활 등에 관한 연구 과제를 선정하여 의뢰할 수 있다.

② 국가와 지방자치단체는 제1항에 따른 연구과제를 수행하는 데에 들어가는 비용을 예산의 범위 안에서 보조할 수 있다.

제4장 자립생활의 지원

제53조(자립생활지원)

국가와 지방자치단체는 장애인의 자기결정에 의한 자립생활을 위하여 활동지원사의 파견 등 활동보조서비스 또는 장애인보조기구의 제공, 그 밖의 각종 편의 및 정보제공 등 필요한 시책을 강구하여야 한다. 〈개정 2017. 12. 19., 2018. 12. 11.〉

제54조(장애인자립생활지원센터)

① 국가와 지방자치단체는 장애인의 자립생활을 실현하기 위하여 장애인자립생활지원센터를 통하여 필요한 각종 지원서비스를 제공한다. 〈개정 2017. 12. 19.〉

② 제1항의 규정에 따른 장애인자립생활지원센터에 관하여 필요한 사항은 보건복지부령으로 정한다. 〈개정 2008. 2. 29., 2010. 1. 18., 2017. 12. 19.〉

③ 국가와 지방자치단체는 장애인자립생활지원센터에 예산의 범위에서 운영비 또는 사업비의 일부를 지원할 수 있다. 〈신설 2015. 12. 29., 2017. 12. 19.〉

[제목개정 2017. 12. 19.]

제55조(활동지원급여의 지원)

① 국가와 지방자치단체는 장애인이 일상생활 또는 사회생활을 원활히 할 수 있도록 활동지원급여를 지원할 수 있다. 〈개정 2011. 1. 4., 2017. 12. 19.〉

② 국가 및 지방자치단체는 임신 등으로 인하여 이동이 불편한 여성장애인에게 임신 및 출산과 관련한 진료 등을 위하여 경제적 부담능력 등을 고려하여 활동지원사의 파견 등 활동보조서비스를 지원할 수 있다. 〈개정 2018. 12. 11., 2021. 12. 21.〉

③ 삭제 〈2011. 1. 4.〉

[제목개정 2011. 1. 4.]

제56조(장애동료간 상담)

① 국가와 지방자치단체는 장애인이 장애를 극복하는 데 도움이 되도록 장애동료 간 상호대화나 상담의 기회를 제공하도록 노력하여야 한다.

② 제1항에 따른 장애동료 간의 대화나 상담의 기회를 제공하기 위한 구체적인 사업 등에 관하

여 필요한 사항은 보건복지부령으로 정한다. 〈개정 2008. 2. 29., 2010. 1. 18.〉

제5장 복지시설과 단체

제57조(장애인복지시설의 이용 등)

① 국가와 지방자치단체는 장애인이 제58조에 따른 장애인복지시설의 이용을 통하여 기능회복과 사회적 향상을 도모할 수 있도록 필요한 정책을 강구하여야 한다.

② 국가와 지방자치단체는 제58조에 따른 장애인복지시설을 이용하는 장애인의 인권을 보호하기 위하여 필요한 정책을 마련하고 관련 프로그램을 실시할 수 있는 기반을 조성하여야 한다.

③ 장애인복지실시기관은 제58조에 따른 장애인복지시설에 대한 장애인의 선택권을 최대한 보장하여야 한다.

④ 장애인복지실시기관은 장애인의 선택권을 보장하기 위하여 제58조에 따른 장애인복지시설을 이용하려는 장애인에게 시설의 선택에 필요한 정보를 충분히 제공하여야 한다.

⑤ 제58조에 따른 장애인복지시설의 선택에 필요한 정보 제공과 서비스 제공 시에는 장애인의 성별 · 연령 및 장애의 유형과 정도를 고려하여야 한다.

[전문개정 2011. 3. 30.]

제58조(장애인복지시설)

① 장애인복지시설의 종류는 다음 각 호와 같다. 〈개정 2011. 3. 30., 2020. 12. 29.〉

　　1. 장애인 거주시설: 거주공간을 활용하여 일반가정에서 생활하기 어려운 장애인에게 일정 기간 동안 거주 · 요양 · 지원 등의 서비스를 제공하는 동시에 지역사회생활을 지원하는 시설

　　2. 장애인 지역사회재활시설 : 장애인을 전문적으로 상담 · 치료 · 훈련하거나 장애인의 일상 생활, 여가활동 및 사회참여활동 등을 지원하는 시설

　　3. 장애인 직업재활시설 : 일반 작업환경에서는 일하기 어려운 장애인이 특별히 준비된 작업 환경에서 직업훈련을 받거나 직업 생활을 할 수 있도록 하는 시설(직업훈련 및 직업 생활

을 위하여 필요한 제조·가공 시설, 공장 및 영업장 등 부속용도의 시설로서 보건복지부령으로 정하는 시설을 포함한다)

4. 장애인 의료재활시설: 장애인을 입원 또는 통원하게 하여 상담, 진단·판정, 치료 등 의료재활서비스를 제공하는 시설

5. 그 밖에 대통령령으로 정하는 시설

② 제1항 각 호에 따른 장애인복지시설의 구체적인 종류와 사업 등에 관한 사항은 보건복지부령으로 정한다. 〈개정 2008. 2. 29., 2010. 1. 18.〉

제59조(장애인복지시설 설치)

① 국가와 지방자치단체는 장애인복지시설을 설치할 수 있다.

② 제1항에 규정된 자 외의 자가 장애인복지시설을 설치·운영하려면 해당 시설 소재지 관할 시장·군수·구청장에게 신고하여야 하며, 신고한 사항 중 보건복지부령으로 정하는 중요한 사항을 변경할 때에도 신고하여야 한다. 다만, 제62조에 따른 폐쇄 명령을 받고 1년이 지나지 아니한 자는 시설의 설치·운영 신고를 할 수 없다. 〈개정 2008. 2. 29., 2010. 1. 18.〉

③ 시장·군수·구청장은 제2항에 따른 신고 또는 변경신고를 받은 경우 그 내용을 검토하여 이 법에 적합하면 신고 또는 변경신고를 수리하여야 한다. 〈신설 2019. 1. 15.〉

④ 제58조제1항제1호에 따른 장애인 거주시설의 정원은 30명을 초과할 수 없다. 다만, 특수한 서비스를 위하여 일정 규모 이상이 필요한 시설 등 대통령령으로 정하는 경우에는 그러하지 아니하다. 〈신설 2011. 3. 30., 2019. 1. 15.〉

⑤ 제58조제1항제4호에 따른 의료재활시설의 설치는 「의료법」에 따른다. 〈개정 2011. 3. 30., 2019. 1. 15.〉

⑥ 제2항에 따른 장애인복지시설의 시설기준·신고·변경신고 및 이용 등에 관하여 필요한 사항은 보건복지부령으로 정한다. 〈개정 2008. 2. 29., 2010. 1. 18., 2011. 3. 30., 2019. 1. 15.〉

제59조의2 삭제 〈2015. 12. 29.〉

제59조의3(장애인관련기관에의 취업제한 등)

① 법원은 장애인학대관련범죄나 성범죄(「성폭력범죄의 처벌 등에 관한 특례법」 제2조에 따른 성폭력범죄 또는 「아동·청소년의 성보호에 관한 법률」 제2조제2호에 따른 아동·청소년대상 성범죄를 말한다. 이하 같다)로 형 또는 치료감호를 선고하는 경우에는 판결(약식명령을 포함한다. 이하 같다)로 그 형 또는 치료감호의 전부 또는 일부의 집행을 종료하거나

집행이 유예·면제된 날(벌금형을 선고받은 경우에는 그 형이 확정된 날을 말한다)부터 일정기간(이하 "취업제한기간"이라 한다) 동안 다음 각 호에 따른 시설 또는 기관(이하 "장애인관련기관"이라 한다)을 운영하거나 장애인관련기관에 취업 또는 사실상 노무를 제공할 수 없도록 하는 명령(이하 "취업제한명령"이라 한다)을 장애인학대관련범죄나 성범죄(이하 "장애인학대관련범죄등"이라 한다) 사건의 판결과 동시에 선고(약식명령의 경우에는 고지를 말한다)하여야 한다. 다만, 재범의 위험성이 현저히 낮은 경우, 그 밖에 취업을 제한하여서는 아니 되는 특별한 사정이 있다고 판단하는 경우에는 그러하지 아니한다.

〈개정 2018. 12. 11., 2020. 12. 29., 2021. 7. 27.〉

1. 제54조의 장애인자립생활지원센터, 제58조의 장애인복지시설 및 제59조의11의 장애인권익옹호기관
2. 「노인복지법」 제31조의 노인복지시설
3. 「노인장기요양보험법」 제31조에 따른 장기요양기관
4. 「발달장애인 권리보장 및 지원에 관한 법률」 제33조의 발달장애인지원센터
5. 「아동복지법」 제37조에 따른 취약계층 아동 통합서비스 수행기관 및 같은 법 제52조의 아동복지시설
6. 「의료법」 제3조의 의료기관(같은 법 제2조의 의료인, 같은 법 제80조의 간호조무사 및 「의료기사 등에 관한 법률」 제2조의 의료기사로 한정한다)
7. 「장애아동 복지지원법」 제21조제3항의 발달재활서비스 제공기관 및 같은 법 제32조의 장애영유아를 위한 어린이집
8. 「장애인활동 지원에 관한 법률」 제2조제6호의 활동지원기관
9. 「정신건강증진 및 정신질환자 복지서비스 지원에 관한 법률」 제3조제3호의 정신건강복지센터 및 같은 조 제4호의 정신건강증진시설
10. 「장애인 등에 대한 특수교육법」 제2조제10호의 특수교육기관 및 같은 법 제11조의 특수교육지원센터

② 취업제한기간은 10년을 초과하지 못한다. 〈신설 2018. 12. 11.〉

③ 법원은 제1항에 따라 취업제한명령을 선고하려는 경우에는 정신건강의학과 의사, 심리학자, 사회복지학자, 장애인학대 관련 전문가, 성범죄 관련 전문가, 장애인단체가 추천하는 장애인 전문가, 그 밖의 관련 전문가로부터 취업제한명령 대상자의 재범 위험성 등에 관한 의견을 들을 수 있다. 〈신설 2018. 12. 11., 2020. 12. 29.〉

④ 장애인관련기관의 설치 신고·허가 등을 관할하는 행정기관의 장(이하 "관할행정기관장"이라 한다)은 장애인관련기관을 운영하려는 자에 대하여 본인의 동의를 받아 관계 기관의 장에

게 장애인학대관련범죄등의 경력 조회를 요청하여야 한다. 다만, 장애인관련기관을 운영하려는 자가 장애인학대관련범죄등 경력 조회 회신서를 관할행정기관장에게 직접 제출한 경우에는 장애인학대관련범죄등의 경력 조회를 한 것으로 본다. 〈개정 2018. 12. 11., 2020. 12. 29.〉

⑤ 장애인관련기관 운영자는 그 시설에 취업 중이거나 사실상 노무를 제공 중인 사람 또는 취업하려 하거나 사실상 노무를 제공하려는 사람(이하 "취업자등"이라 한다)에 대하여 장애인학대관련범죄등의 경력을 확인하여야 하며, 이 경우 본인의 동의를 받아 관계 기관의 장에게 장애인학대관련범죄등의 경력 조회를 요청하여야 한다. 다만, 취업자등이 장애인학대관련범죄등 경력 조회 회신서를 장애인관련기관 운영자에게 직접 제출한 경우에는 장애인학대관련범죄등의 경력 조회를 한 것으로 본다. 〈개정 2018. 12. 11., 2020. 12. 29.〉

⑥ 관할행정기관장은 장애인학대관련범죄등으로 취업제한명령을 선고받은 사람이 장애인관련기관을 운영하거나 장애인관련기관에 취업 또는 사실상 노무를 제공하고 있는지를 직접 또는 관계 기관 조회 등의 방법으로 연 1회 이상 확인·점검하여야 한다.
〈개정 2018. 12. 11., 2020. 12. 29.〉

⑦ 관할행정기관장은 제6항에 따른 확인·점검을 위하여 필요한 경우에는 장애인관련기관 운영자에게 관련 자료의 제출을 요구할 수 있다. 〈신설 2018. 12. 11., 2020. 12. 29.〉

⑧ 보건복지부장관은 관할행정기관장에게 제6항에 따른 확인·점검 결과를 제출하도록 요구할 수 있다. 〈신설 2018. 12. 11., 2020. 12. 29.〉

⑨ 관할행정기관장은 취업제한명령을 위반하여 장애인관련기관을 운영 중인 장애인관련기관 운영자에게 운영 중인 장애인관련기관의 폐쇄를 요구하여야 한다. 〈신설 2018. 12. 11., 2020. 12. 29.〉

⑩ 관할행정기관장은 취업제한명령을 위반하여 취업하거나 사실상 노무를 제공하는 사람이 있으면 해당 장애인관련기관 운영자에게 그의 해임을 요구하여야 한다.
〈신설 2018. 12. 11., 2020. 12. 29.〉

⑪ 관할행정기관장은 장애인관련기관 운영자가 정당한 사유 없이 제9항에 따른 폐쇄요구를 거부하거나 3개월 이내에 요구사항을 이행하지 아니하는 경우에는 대통령령으로 정하는 바에 따라 해당 장애인관련기관을 폐쇄하거나 관계 행정기관의 장에게 이를 요구할 수 있다.
〈신설 2018. 12. 11., 2020. 12. 29.〉

⑫ 제4항부터 제6항까지의 규정에 따라 장애인학대관련범죄등의 경력 조회를 요청받은 관계 기관의 장은 장애인학대관련범죄등 경력 조회 회신서를 발급하여야 한다.
〈개정 2018. 12. 11., 2020. 12. 29.〉

⑬ 제4항부터 제6항까지에 따른 장애인학대관련범죄등 경력 조회의 요청 절차·범위 등에 관

하여 필요한 사항은 대통령령으로 정한다. 〈개정 2018. 12. 11., 2020. 12. 29.〉

[본조신설 2012. 1. 26.]

[제목개정 2020. 12. 29.]

[2018. 12. 11. 법률 제15904호에 의하여 2016. 7. 28. 헌법재판소에서 위헌 결정된 이 조제1항을 개정함.]

제59조의4(장애인학대 및 장애인 대상 성범죄 신고의무와 절차)

① 누구든지 장애인학대 및 장애인 대상 성범죄를 알게 된 때에는 제59조의11에 따른 중앙장애인권익옹호기관 또는 지역장애인권익옹호기관(이하 "장애인권익옹호기관"이라 한다)이나 수사기관에 신고할 수 있다. 〈개정 2015. 6. 22., 2015. 12. 29., 2017. 12. 19.〉

② 다음 각 호의 어느 하나에 해당하는 사람은 그 직무상 장애인학대 및 장애인 대상 성범죄를 알게 된 경우에는 지체 없이 장애인권익옹호기관 또는 수사기관에 신고하여야 한다.
〈개정 2015. 6. 22., 2015. 12. 29., 2016. 5. 29., 2019. 1. 15., 2021. 7. 27.〉

1. 「사회보장급여의 이용·제공 및 수급권자 발굴에 관한 법률」 제43조에 따른 사회복지전담공무원 및 「사회복지사업법」 제34조에 따른 사회복지시설의 장과 그 종사자(사회복지시설에서 복무하는 「병역법」 제2조제1항제10호에 따른 사회복무요원을 포함한다)

2. 제32조의4에 따라 서비스 지원 종합조사를 하는 자와 「장애인활동 지원에 관한 법률」 제16조에 따른 활동지원인력 및 같은 법 제20조에 따른 활동지원기관의 장과 그 종사자

3. 「의료법」 제2조제1항의 의료인 및 같은 법 제3조제1항의 의료기관의 장

4. 「의료기사 등에 관한 법률」 제1조의2의 의료기사

5. 「응급의료에 관한 법률」 제36조의 응급구조사

6. 「119구조·구급에 관한 법률」 제2조제4호에 따른 119구급대의 대원

7. 「정신건강증진 및 정신질환자 복지서비스 지원에 관한 법률」 제3조제3호에 따른 정신건강복지센터, 같은 조 제5호에 따른 정신의료기관, 같은 조 제6호에 따른 정신요양시설 및 같은 조 제7호에 따른 정신재활시설의 장과 그 종사자

8. 「영유아보육법」 제10조에 따른 어린이집의 원장 등 보육교직원

9. 「유아교육법」 제20조에 따른 교직원 및 같은 법 제23조에 따른 강사 등

10. 「초·중등교육법」 제2조에 따른 학교의 장과 그 종사자

11. 「학원의 설립·운영 및 과외교습에 관한 법률」 제6조에 따른 학원의 운영자·강사·직원 및 같은 법 제14조에 따른 교습소의 교습자·직원

12. 「성폭력방지 및 피해자보호 등에 관한 법률」 제10조에 따른 성폭력피해상담소, 같은

법 제12조에 따른 성폭력피해자보호시설 및 같은 법 제18조에 따른 성폭력피해자통합지원센터의 장과 그 종사자

13. 「성매매방지 및 피해자보호 등에 관한 법률」 제9조에 따른 지원시설의 장과 그 종사자 및 같은 법 제17조에 따른 성매매피해상담소의 장과 그 종사자

14. 「가정폭력방지 및 피해자보호 등에 관한 법률」 제5조에 따른 가정폭력 관련 상담소의 장과 그 종사자 및 같은 법 제7조의2에 따른 가정폭력피해자 보호시설의 장과 그 종사자

15. 「건강가정기본법」 제35조에 따른 건강가정지원센터의 장과 그 종사자

16. 「다문화가족지원법」 제12조에 따른 다문화가족지원센터의 장과 그 종사자

17. 「아동복지법」 제10조의2에 따른 아동권리보장원 및 「아동복지법」 제48조에 따른 가정위탁지원센터의 장과 그 종사자

18. 「한부모가족지원법」 제19조의 한부모가족복지시설의 장과 그 종사자

19. 「청소년 기본법」 제3조제6호의 청소년시설의 장과 그 종사자 및 같은 조 제8호의 청소년단체의 장과 그 종사자

20. 「청소년 보호법」 제35조에 따른 청소년 보호·재활센터의 장과 그 종사자

21. 「노인장기요양보험법」 제2조제5호의 장기요양요원 및 같은 법 제14조에 따라 장기요양인정 신청의 조사를 하는 자

22. 「평생교육법」 제20조의2에 따른 장애인평생교육시설의 장과 그 종사자

③ 삭제 〈2017. 12. 19.〉

④ 보건복지부장관은 제2항에 따른 신고의무자에게 장애인학대 및 장애인 대상 성범죄의 신고 절차와 방법 등을 안내하여야 한다. 〈신설 2015. 6. 22., 2015. 12. 29.〉

⑤ 국가와 지방자치단체는 장애인학대 및 장애인 대상 성범죄를 예방하고 수시로 신고를 받을 수 있도록 필요한 조치를 하여야 한다. 〈신설 2015. 6. 22., 2015. 12. 29.〉

⑥ 제2항 각 호에 따른 소관 중앙행정기관의 장은 제2항 각 호의 어느 하나에 해당하는 사람의 자격 취득 과정이나 보수교육 과정에 장애인학대 및 장애인 대상 성범죄 예방 및 신고의무에 관한 교육 내용을 포함하도록 하여야 하며, 그 결과를 보건복지부장관에게 제출하여야 한다. 〈신설 2015. 6. 22., 2015. 12. 29., 2020. 12. 29.〉

⑦ 제2항에 따른 신고의무자가 소속된 기관·시설 등의 장은 소속 장애인학대 신고의무자에게 신고의무에 관한 교육을 실시하고, 그 결과를 관계 중앙행정기관의 장에게 제출하여야 한다. 〈신설 2020. 12. 29.〉

⑧ 제4항에 따른 신고 절차·방법 등의 안내, 제5항에 따른 조치, 제6항 및 제7항에 따른 교육 내용·시간·방법 등은 대통령령으로 정한다. 〈신설 2015. 6. 22., 2020. 12. 29.〉

[본조신설 2012. 10. 22.]

[제목개정 2015. 12. 29.]

제59조의5(불이익조치의 금지)

누구든지 장애인학대 및 장애인 대상 성범죄 신고인에게 장애인학대범죄 신고 등을 이유로 다음 각 호의 불이익조치를 하여서는 아니 된다.

1. 파면, 해임, 해고, 그 밖에 이에 준하는 신분상실의 조치

2. 징계, 정직, 감봉, 강등, 승진 제한, 그 밖에 이에 준하는 부당한 인사조치

3. 전보, 전근, 직무 미부여, 직무 재배치, 그 밖에 이에 준하는 인사조치

4. 성과평가 또는 동료평가 등을 통한 임금, 상여금 등의 차별적 지급

5. 교육 · 훈련 등 자기계발 기회의 박탈 및 예산 · 인력 등에 대한 업무상 제한, 그 밖에 이에 준하는 근무 조건의 차별적 조치

6. 요주의 대상자 명단의 작성 · 공개, 집단 따돌림 및 폭행 · 폭언, 그 밖에 이에 준하는 정신적 · 신체적 위해 행위

7. 직무에 대한 부당한 감사, 조사 및 그 결과의 공표

[본조신설 2017. 12. 19.]

[종전 제59조의5는 제59조의7로 이동 〈2017. 12. 19.〉]

제59조의6(장애인학대범죄신고인에 대한 보호조치)

장애인학대 및 장애인 대상 성범죄 신고인에 대하여는 「특정범죄신고자 등 보호법」 제7조부터 제13조까지의 규정을 준용한다.

[본조신설 2017. 12. 19.]

[종전 제59조의6은 제59조의8로 이동 〈2017. 12. 19.〉]

제59조의7(응급조치의무 등)

① 제59조의4에 따라 장애인학대 신고를 접수한 장애인권익옹호기관의 직원이나 사법경찰관리는 지체 없이 장애인학대현장에 출동하여야 한다. 이 경우 장애인권익옹호기관의 장이나 수사기관의 장은 서로 동행하여 줄 것을 요청할 수 있으며, 그 요청을 받은 장애인권익옹호기관의 장이나 수사기관의 장은 정당한 사유가 없으면 소속 직원이나 사법경찰관리가 현장에 동행하도록 하여야 한다. 〈개정 2015. 6. 22., 2017. 12. 19.〉

② 제1항에 따라 장애인학대현장에 출동한 자는 학대받은 장애인을 학대행위자로부터 분리하

거나 치료가 필요하다고 인정할 때에는 즉시 피해장애인을 다음 각 호의 어느 하나에 해당하는 기관 또는 시설에 인도하여야 한다. 이 경우 해당 기관 또는 시설의 장은 정당한 사유 없이 이를 거부하여서는 아니 된다. 〈개정 2015. 6. 22., 2020. 12. 29., 2021. 7. 27.〉

1. 장애인권익옹호기관
2. 제59조의13에 따른 피해장애인 쉼터 및 피해장애아동 쉼터
3. 의료기관
4. 「발달장애인 권리보장 및 지원에 관한 법률」 제17조에 따른 위기발달장애인쉼터
5. 그 밖에 학대받은 장애인을 보호할 수 있는 시설로서 대통령령으로 정하는 시설

③ 제1항에 따라 장애인 학대 현장에 출동한 자는 학대받은 장애인을 보호하기 위하여 신고된 현장에 출입하여 관계인에 대하여 조사를 하거나 질문을 할 수 있다. 이 경우 장애인권익옹호기관의 직원은 학대받은 장애인의 보호를 위한 범위에서만 조사 또는 질문을 할 수 있다. 〈신설 2017. 12. 19.〉

④ 제3항에 따라 출입, 조사 또는 질문을 하는 자는 그 권한을 표시하는 증표를 지니고 이를 관계인에게 보여주어야 한다. 〈신설 2017. 12. 19.〉

⑤ 제3항에 따라 조사 또는 질문을 하는 자는 학대받은 장애인·신고자·목격자 등이 자유롭게 진술할 수 있도록 장애인학대행위자로부터 분리된 곳에서 조사하는 등 필요한 조치를 하여야 한다. 〈신설 2017. 12. 19.〉

⑥ 누구든지 장애인학대현장에 출동한 자에 대하여 현장조사를 거부하거나 업무를 방해하여서는 아니 된다. 〈개정 2017. 12. 19.〉

[본조신설 2012. 10. 22.]
[제59조의5에서 이동, 종전 제59조의7은 제59조의9로 이동 〈2017. 12. 19.〉]

제59조의8(보조인의 선임 등)

① 학대받은 장애인의 법정대리인, 직계친족, 형제자매, 장애인권익옹호기관의 상담원 또는 변호사는 장애인학대사건의 심리에 있어서 보조인이 될 수 있다. 다만, 변호사가 아닌 경우에는 법원의 허가를 받아야 한다. 〈개정 2017. 12. 19.〉

② 법원은 학대받은 장애인을 증인으로 신문하는 경우 본인 또는 검사의 신청이 있는 때에는 본인과 신뢰관계에 있는 사람의 동석을 허가할 수 있다.

③ 수사기관이 학대받은 장애인을 조사하는 경우에도 제1항 및 제2항의 절차를 준용한다.

[본조신설 2012. 10. 22.]
[제59조의6에서 이동, 종전 제59조의8은 제59조의10으로 이동 〈2017. 12. 19.〉]

제59조의9(금지행위)

누구든지 다음 각 호의 어느 하나에 해당하는 행위를 하여서는 아니 된다.

〈개정 2017. 2. 8.〉

1. 장애인에게 성적 수치심을 주는 성희롱 · 성폭력 등의 행위
2. 장애인의 신체에 폭행을 가하거나 상해를 입히는 행위
2의2. 장애인을 폭행, 협박, 감금, 그 밖에 정신상 또는 신체상의 자유를 부당하게 구속하는 수단으로써 장애인의 자유의사에 어긋나는 노동을 강요하는 행위
3. 자신의 보호 · 감독을 받는 장애인을 유기하거나 의식주를 포함한 기본적 보호 및 치료를 소홀히 하는 방임행위
4. 장애인에게 구걸을 하게 하거나 장애인을 이용하여 구걸하는 행위
5. 장애인을 체포 또는 감금하는 행위
6. 장애인의 정신건강 및 발달에 해를 끼치는 정서적 학대행위
7. 장애인을 위하여 증여 또는 급여된 금품을 그 목적 외의 용도에 사용하는 행위
8. 공중의 오락 또는 흥행을 목적으로 장애인의 건강 또는 안전에 유해한 곡예를 시키는 행위

[전문개정 2015. 6. 22.]

[제59조의7에서 이동, 종전 제59조의9는 제59조의11로 이동 〈2017. 12. 19.〉]

제59조의10(장애인학대의 예방과 방지 의무)

국가와 지방자치단체는 장애인학대의 예방과 방지를 위하여 다음 각 호의 조치를 취하여야 한다.

1. 장애인학대의 예방과 방지를 위한 각종 정책의 수립 및 시행
2. 장애인학대의 예방과 방지를 위한 연구 · 교육 · 홍보와 장애인학대 현황 조사
3. 장애인학대에 관한 신고체계의 구축 · 운영
4. 장애인학대로 인하여 피해를 입은 장애인(이하 "피해장애인"이라 한다)의 보호 및 치료와 피해장애인의 가정에 대한 지원
5. 장애인학대 예방 관계 기관 · 법인 · 단체 · 시설 등에 대한 지원
6. 그 밖에 대통령령으로 정하는 장애인학대의 예방과 방지를 위한 사항

[본조신설 2015. 6. 22.]

[제59조의8에서 이동, 종전 제59조의10은 제59조의12로 이동 〈2017. 12. 19.〉]

제59조의11(장애인권익옹호기관의 설치 등)

① 국가는 지역 간의 연계체계를 구축하고 장애인학대를 예방하기 위하여 다음 각 호의 업무를 담당하는 중앙장애인권익옹호기관을 설치·운영하여야 한다.

1. 제2항에 따른 지역장애인권익옹호기관에 대한 지원

2. 장애인학대 예방 관련 연구 및 실태조사

3. 장애인학대 예방 관련 프로그램의 개발·보급

4. 장애인학대 예방 관련 교육 및 홍보

5. 장애인학대 예방 관련 전문인력의 양성 및 능력개발

6. 관계 기관·법인·단체·시설 간 협력체계의 구축 및 교류

7. 장애인학대 신고접수와 그 밖에 보건복지부령으로 정하는 장애인학대 예방과 관련된 업무

② 학대받은 장애인을 신속히 발견·보호·치료하고 장애인학대를 예방하기 위하여 다음 각 호의 업무를 담당하는 지역장애인권익옹호기관을 특별시·광역시·특별자치시·도·특별자치도에 둔다.　　　　　　　　　　　　　　　　　　　　〈개정 2021. 7. 27.〉

1. 장애인학대의 신고접수, 현장조사 및 응급보호

2. 피해장애인과 그 가족, 장애인학대행위자에 대한 상담 및 사후관리

3. 장애인학대 예방 관련 교육 및 홍보

4. 장애인학대사례판정위원회 설치·운영

5. 관계 기관·법인·단체·시설 간 협력체계의 구축 및 교류

6. 그 밖에 보건복지부령으로 정하는 장애인학대 예방과 관련된 업무

③ 장애인권익옹호기관의 장은 제1항 및 제2항에 따른 업무를 수행하기 위하여 필요한 경우 관계 기관의 장에게 사실 확인이나 관련 자료의 제공을 요청할 수 있다. 이 경우 자료 제공을 요청받은 관계 기관의 장은 정당한 사유가 없으면 요청에 따라야 한다.　　〈신설 2017. 12. 19.〉

④ 보건복지부장관, 특별시장·광역시장·특별자치시장·도지사·특별자치도지사는 「공공기관의 운영에 관한 법률」 제4조에 따른 공공기관 또는 장애인 학대의 예방 및 방지를 목적으로 하는 비영리법인을 지정하여 장애인권익옹호기관의 운영을 위탁할 수 있다. 이 경우 보건복지부장관, 특별시장·광역시장·특별자치시장·특별자치도지사는 그 운영에 드는 비용을 지원할 수 있다.　　　　　　　　　　　　　　　　　　〈개정 2017. 12. 19.〉

⑤ 장애인권익옹호기관의 설치기준·운영, 상담원의 자격·배치기준, 운영 수탁기관 등의 지정, 위탁 및 비용지원 등에 필요한 사항은 대통령령으로 정한다.　　〈개정 2017. 12. 19.〉

[본조신설 2015. 6. 22.]

[제59조의9에서 이동, 종전 제59조의11은 제59조의13으로 이동 〈2017. 12. 19.〉]

제59조의12(사후관리 등)

① 장애인권익옹호기관의 장은 장애인학대가 종료된 후에도 가정방문, 시설방문, 전화상담 등을 통하여 장애인학대의 재발 여부를 확인하여야 한다.

② 장애인권익옹호기관의 장은 장애인학대가 종료된 후에도 피해장애인의 안전 확보, 장애인학대의 재발 방지, 건전한 가정기능의 유지 등을 위하여 피해장애인, 피해장애인의 보호자(친권자, 「민법」에 따른 후견인, 장애인을 보호·양육·교육하거나 그러한 의무가 있는 사람 또는 업무·고용 등의 관계로 사실상 장애인을 보호·감독하는 사람을 말한다. 이하 이 조에서 같다)·가족 및 장애인학대행위자에게 상담, 교육 및 의료적·심리적 치료 등의 지원을 하여야 한다.　　　　　　　　　　　　　　　　　　　　　　　　　〈개정 2021. 8. 17.〉

③ 장애인권익옹호기관의 장은 제2항에 따른 지원을 하기 위하여 관계 기관·법인·단체·시설에 협조를 요청할 수 있다.

④ 장애인권익옹호기관의 장은 제2항에 따른 지원을 할 때에는 피해장애인의 이익을 최우선으로 고려하여야 한다.

⑤ 피해장애인의 보호자·가족 및 장애인학대행위자는 제2항에 따른 장애인권익옹호기관의 지원에 참여하여야 하고, 제1항 및 제2항에 따른 장애인권익옹호기관의 업무 수행을 정당한 사유 없이 거부하거나 방해하여서는 아니 된다.　　　　　〈개정 2017. 12. 19., 2021. 8. 17.〉

[본조신설 2015. 6. 22.]

[제59조의10에서 이동 〈2017. 12. 19.〉]

제59조의13(피해장애인 쉼터 등)

① 특별시장·광역시장·특별자치시장·도지사·특별자치도지사는 피해장애인의 임시 보호 및 사회복귀 지원을 위하여 장애인 쉼터를 설치·운영할 수 있다.

② 특별시장·광역시장·특별자치시장·도지사·특별자치도지사는 장애인학대로 인하여 피해를 입은 장애아동(이하 "피해장애아동"이라 한다)의 임시 보호를 위하여 피해장애아동 쉼터를 설치·운영할 수 있다.　　　　　　　　　　　　　　　　　　　　　　　　　〈신설 2021. 7. 27.〉

③ 제1항에 따른 장애인 쉼터 및 제2항에 따른 피해장애아동 쉼터의 설치·운영 등에 필요한 사항은 보건복지부령으로 정한다.　　　　　　　　　　　　　　　　　　　〈개정 2021. 7. 27.〉

[본조신설 2017. 2. 8.]

[제목개정 2021. 7. 27.]

[제59조의11에서 이동 〈2017. 12. 19.〉]

제59조의14(장애인학대 등의 통보)

① 사법경찰관리는 장애인 사망 및 상해 사건, 가정폭력 사건 등에 관한 직무를 수행하는 경우 장애인학대가 있었다고 의심할 만한 사유가 있는 때에는 장애인권익옹호기관에 그 사실을 통보하여야 한다.

② 제1항의 통보를 받은 장애인권익옹호기관은 피해장애인 보호조치 등 필요한 조치를 하여야 한다.

[본조신설 2019. 12. 3.]

제59조의15(피해장애인에 대한 변호사 선임의 특례)

① 장애인학대사건의 피해장애인 및 그 법정대리인은 형사 절차상 입을 수 있는 피해를 방어하고 법률적 조력을 보장하기 위하여 변호사를 선임할 수 있다.

② 제1항에 따른 변호사에 관하여는 「성폭력범죄의 처벌 등에 관한 특례법」 제27조제2항부터 제6항까지를 준용한다.

[본조신설 2020. 12. 29.]

제59조의16(진술조력인의 참여 등)

① 검사, 사법경찰관 또는 법원은 범죄사건의 피해자인 장애인(이하 이 조에서 "피해자"라 한다)이 의사소통이나 의사표현에 어려움이 있는 경우 피해자에 대한 형사사법절차에서의 조력과 원활한 조사·검증 또는 증인 신문을 위하여 직권이나 피해자 또는 제59조의8제1항에 따른 보조인(이하 이 조에서 "보조인"이라 한다)의 신청에 따라 「성폭력범죄의 처벌 등에 관한 특례법」 제35조제1항에 따른 진술조력인으로 하여금 조사과정, 검증 또는 증인 신문에 참여하여 의사소통을 중개하거나 보조하게 할 수 있다.

② 검사, 사법경찰관 또는 법원은 피해자에 대한 조사·검증 또는 증인 신문 전에 피해자 및 보조인에게 진술조력인에 의한 의사소통 중개나 보조를 신청할 수 있음을 고지하여야 한다.

③ 그 밖에 진술조력인의 수사·재판과정의 참여와 의무 등에 관하여는 「성폭력범죄의 처벌 등에 관한 특례법」 제36조부터 제39조까지의 규정을 준용한다.

[본조신설 2021. 7. 27.]

제59조의17(장애인권익옹호기관의 성과평가 등)

① 보건복지부장관은 장애인권익옹호기관의 업무 실적에 대하여 3년마다 성과평가를 실시하여
야 한다.

② 성과평가 및 평가결과의 활용 등에 필요한 사항은 대통령령으로 정한다.

[본조신설 2021. 8. 17.]

제60조(장애인복지시설 운영의 개시 등)

① 제59조제2항에 따라 신고한 자는 지체 없이 시설 운영을 시작하여야 한다.

② 시설 운영자가 시설 운영을 중단 또는 재개하거나 시설을 폐지하려는 때에는 보건복지부령
이 정하는 바에 따라 미리 시장·군수·구청장에게 신고하여야 한다.

〈개정 2008. 2. 29., 2010. 1. 18., 2011. 3. 30.〉

③ 시설 운영자가 제2항에 따라 시설 운영을 중단하거나 시설을 폐지할 때에는 보건복지부령이
정하는 바에 따라 시설 이용자의 권익을 보호하기 위하여 다음 각 호의 조치를 하여야 한다.
이 경우 시장·군수·구청장은 그 조치 내용을 확인하고 제2항에 따른 신고를 수리하여야
한다. 〈개정 2008. 2. 29., 2010. 1. 18., 2011. 3. 30., 2019. 1. 15.〉

1. 시장·군수·구청장의 협조를 받아 시설 이용자가 다른 시설을 선택할 수 있도록 하고 그
이행을 확인하는 조치

2. 시설 이용자가 이용료·사용료 등의 비용을 부담하는 경우 납부한 비용 중 사용하지 아니
한 금액을 반환하게 하고 그 이행을 확인하는 조치

3. 보조금·후원금 등의 사용 실태 확인과 이를 재원으로 조성한 재산 중 남은 재산의 회수조
치

4. 그 밖에 시설 이용자의 권익 보호를 위하여 필요하다고 인정되는 조치

④ 시설 운영자가 제2항에 따라 시설운영을 재개하려고 할 때에는 보건복지부령으로 정하는 바
에 따라 시설 이용자의 권익을 보호하기 위하여 다음 각 호의 조치를 하여야 한다. 이 경우
시장·군수·구청장은 그 조치 내용을 확인하고 제2항에 따른 신고를 수리하여야 한다.

〈신설 2011. 3. 30., 2019. 1. 15.〉

1. 운영 중단 사유의 해소

2. 향후 안정적 운영계획의 수립

3. 그 밖에 시설 이용자의 권익 보호를 위하여 보건복지부장관이 필요하다고 인정하는 조치

⑤ 제1항과 제2항에 따른 시설 운영의 개시·중단·재개 및 시설 폐지의 신고 등에 관하여 필요
한 사항은 보건복지부령으로 정한다. 〈개정 2008. 2. 29., 2010. 1. 18., 2011. 3. 30.〉

[제목개정 2011. 3. 30.]

제60조의2(장애인 거주시설 이용절차)

① 장애인 거주시설을 이용하려는 자와 그 친족, 그 밖의 관계인은 보건복지부령으로 정하는 서류를 갖추어 시장·군수·구청장에게 장애인의 시설 이용을 신청하여야 한다.

② 제1항에 따라 시설 이용을 신청받은 시장·군수·구청장은 제32조의4에 따른 서비스 지원 종합조사 결과 등을 활용하여 이용 신청자의 시설 이용 적격성 여부를 심사하고 그 결과에 따라 시설 이용 여부를 결정하여야 한다. 〈개정 2017. 12. 19.〉

③ 시장·군수·구청장은 제2항에 따른 이용 신청자의 시설 이용 적격성 및 제79조제2항에 따른 본인부담금을 결정하여 이용 신청자와 시설 운영자에게 통보한다.

④ 시설 이용자가 제1항부터 제3항까지의 절차를 거치지 아니하고 시설을 이용하는 경우, 시설 운영자는 보건복지부령으로 정하는 바에 따라 해당 사례를 시장·군수·구청장에게 보고하여야 하며, 시장·군수·구청장은 이용 적격성 여부의 확인 등 필요한 조치를 취하여야 한다.

⑤ 시설 운영자는 이용 신청자와 서비스 이용조건, 본인부담금 등의 사항을 포함하여 계약을 체결하고, 그 결과를 시장·군수·구청장에게 보고하여야 한다. 〈개정 2017. 12. 19.〉

⑥ 제5항에 따른 계약은 시설을 이용할 장애인 본인이 체결하는 것을 원칙으로 하되, 지적 능력 등의 이유로 장애인 본인이 계약을 체결하기 어려운 경우에 한하여, 대통령령으로 정하는 자가 계약절차의 전부 또는 일부를 대행할 수 있다.

⑦ 시설 이용자가 시설 이용을 중단하려는 경우에는 보건복지부령으로 정하는 기간 전에 시설 이용을 중단할 의사를 시설 운영자에게 밝혀야 한다. 이 경우 시설 운영자는 이용 중단과 관련하여 필요한 조치를 하여야 하고, 이용 중단 희망자에 대하여 이용 중단에 따른 어떠한 불이익한 처분이나 차별도 하여서는 아니 된다.

⑧ 제2항에 따른 서비스 지원 종합조사 결과의 활용방법 등에 필요한 구체적인 사항과 제5항에 따른 계약에 관한 세부적인 사항은 보건복지부령으로 정한다. 〈신설 2017. 12. 19.〉

[본조신설 2011. 3. 30.]

제60조의3(장애인 거주시설의 서비스 최저기준)

① 보건복지부장관은 장애인 거주시설에서 제공하여야 하는 서비스의 최저기준을 마련하여야 하며, 장애인복지실시기관은 그 기준이 충족될 수 있도록 필요한 조치를 취하여야 한다.

② 시설 운영자는 제1항에 따른 서비스의 최저기준 이상으로 서비스의 수준을 유지하여야 한다.

③ 제1항에 따른 서비스 최저기준의 구체적인 내용과 시행에 관하여 필요한 사항은 보건복지부

령으로 정한다.

[본조신설 2011. 3. 30.]

제60조의4(장애인 거주시설 운영자의 의무)

① 시설 운영자는 시설 이용자의 인권을 보호하고, 인권이 침해된 경우에는 즉각적인 회복조치를 취하여야 한다.

② 시설 운영자는 시설 이용자의 거주, 요양, 생활지원, 지역사회생활 지원 등을 위하여 필요한 서비스를 제공하여야 한다.

③ 시설 운영자는 시설 이용자의 사생활 및 자기결정권의 보장을 위하여 노력하여야 한다.

〈개정 2017. 2. 8.〉

④ 시설 운영자는 시설 이용자의 인권을 보호하기 위하여 장애인 거주시설에 시설 이용 장애인 인권지킴이단을 두어야 한다.

〈신설 2017. 2. 8.〉

⑤ 제4항에 따른 시설 이용 장애인 인권지킴이단의 구성 · 운영에 관한 구체적인 사항은 보건복지부령으로 정한다.

〈신설 2017. 2. 8.〉

[본조신설 2011. 3. 30.]

제60조의5(상속인 없는 재산의 처리)

① 장애인 거주시설 운영자는 그 시설에 입소 중인 사람이 사망하고 그 상속인의 존부가 분명하지 아니한 때에는 「민법」 제1053조부터 제1059조까지의 규정에 따라 사망한 사람의 재산을 처리한다. 다만, 사망한 사람의 잔여재산이 「사회복지사업법」 제45조의2제1항 단서에 따른 금액 이하인 경우에는 관할 시장 · 군수 · 구청장에게 잔여재산 목록을 작성하여 보고하는 것으로 그 재산의 처리를 갈음할 수 있다.

② 제1항 단서에 따른 보고를 받은 시장 · 군수 · 구청장은 상속인, 일반상속채권자, 유증받은 자, 기타 상속재산에 대하여 권리를 주장하려는 자가 있으면 6개월 내에 그 권리를 주장할 것을 3개월 이상 공고하여야 한다.

③ 제2항에 따른 기간 내에 상속재산에 대하여 권리를 주장하는 자가 있는 때에는 시장 · 군수 · 구청장이 「민법」 제1034조에 따라 그 기간 내에 신고한 채권자들 간에 배당하여 변제하여야 한다.

④ 제2항에 따른 기간이 경과하여도 상속재산에 대하여 권리를 주장하는 자가 없는 때에는 상속재산은 지방자치단체에 귀속된다.

⑤ 제1항부터 제4항까지에서 규정한 사항 외에 상속인 없는 재산의 처리에 관한 세부절차는 보

건복지부령으로 정한다.

[본조신설 2020. 12. 29.]

제61조(감독)

① 장애인복지실시기관은 장애인복지시설을 설치·운영하는 자의 소관업무 및 시설이용자의 인권실태 등을 지도·감독하며, 필요한 경우 그 시설에 관한 보고 또는 관련 서류 제출을 명하거나 소속 공무원에게 그 시설의 운영상황·장부, 그 밖의 서류를 조사·검사하거나 질문하게 할 수 있다.

② 제1항에 따라 관계 공무원이 그 직무를 할 때에는 권한을 표시하는 증표 및 조사기간, 조사범위, 조사담당자, 관계 법령 등 보건복지부령으로 정하는 사항이 기재된 서류를 관계인에게 내보여야 한다. 〈개정 2015. 12. 29.〉

제62조(시설의 개선, 사업의 정지, 폐쇄 등)

① 장애인복지실시기관은 장애인복지시설이 다음 각 호의 어느 하나에 해당하는 때에는 그 시설의 개선, 사업의 정지, 시설의 장의 교체를 명하거나 해당 시설의 폐쇄를 명할 수 있다. 〈개정 2011. 3. 30., 2019. 1. 15.〉

1. 제59조제6항에 따른 시설기준에 미치지 못한 때
2. 정당한 사유 없이 제61조에 따른 보고를 하지 아니하거나 거짓으로 보고한 때 또는 조사·검사 및 질문을 거부·방해하거나 기피한 때
3. 사회복지법인이나 비영리법인이 설치·운영하는 시설인 경우 그 사회복지법인이나 비영리법인의 설립 허가가 취소된 때
4. 시설의 회계 부정이나 시설이용자에 대한 인권침해 등 불법행위, 그 밖의 부당행위 등이 발견된 때
5. 설치 목적을 이루었거나 그 밖의 사유로 계속하여 운영할 필요가 없다고 인정되는 때
6. 이 법 또는 이 법에 따른 명령이나 처분을 위반한 경우

② 장애인복지실시기관은 제58조제1항제1호에 따른 장애인 거주시설이 제60조의3에 따른 서비스 최저기준을 유지하지 못할 때에는 그 시설의 개선, 사업의 정지, 시설의 장의 교체를 명하거나 해당 시설의 폐쇄를 명할 수 있다. 〈신설 2011. 3. 30.〉

③ 제1항 및 제2항에 따른 처분 기준은 위반행위의 유형 및 그 사유와 위반의 정도 등을 고려하여 보건복지부령으로 정한다. 〈신설 2017. 2. 8.〉

제63조(단체의 보호 · 육성)

① 국가와 지방자치단체는 장애인의 복지를 향상하고 자립을 돕기 위하여 장애인복지단체를 보호 · 육성하도록 노력하여야 한다.

② 국가와 지방자치단체는 예산의 범위 안에서 제1항에 따른 단체의 사업 · 활동 또는 운영이나 그 시설에 필요한 경비의 전부 또는 일부를 보조할 수 있다. 〈개정 2015. 12. 29.〉

제64조(장애인복지단체협의회)

① 장애인복지단체의 활동을 지원하고 장애인의 복지를 향상하기 위하여 장애인복지단체협의회(이하 "협의회"라 한다)를 설립할 수 있다.

② 협의회는 「사회복지사업법」에 따른 사회복지법인으로 하되, 「사회복지사업법」 제23조 제1항은 적용하지 아니한다.

③ 협의회의 조직과 운영 등에 관하여 필요한 사항은 정관으로 정한다.

제6장 장애인보조기구

제65조(장애인보조기구)

① "장애인보조기구"란 장애인이 장애의 예방 · 보완과 기능 향상을 위하여 사용하는 의지(義肢) · 보조기 및 그 밖에 보건복지부장관이 정하는 보장구와 일상생활의 편의 증진을 위하여 사용하는 생활용품을 말한다. 〈개정 2008. 2. 29., 2010. 1. 18.〉

② 보건복지부장관은 장애인의 일상생활의 편의증진 등을 위하여 다른 법률이 정하는 바에 따라 제1항에 따른 장애인보조기구의 지원 및 활용촉진 등에 관한 사업을 실시할 수 있다.

〈개정 2015. 12. 29.〉

제66조 삭제 〈2015. 12. 29.〉

제67조 삭제 〈2015. 12. 29.〉

제68조 삭제 〈2015. 12. 29.〉

제69조(의지 · 보조기제조업의 개설사실의 통보 등)

① 의지 · 보조기를 제조 · 개조 · 수리하거나 신체에 장착하는 사업(이하 "의지 · 보조기제조업"이라 한다)을 하는 자는 그 제조업소를 개설한 후 7일 이내에 보건복지부령이 정하는 바에 따라 시장 · 군수 · 구청장에게 제조업소의 개설사실을 알려야 한다. 제조업소의 소재지 변경 등 보건복지부령이 정하는 중요 사항을 변경한 때에도 또한 같다.

〈개정 2008. 2. 29., 2010. 1. 18.〉

② 의지 · 보조기 제조업자는 제72조에 따른 의지 · 보조기 기사(補助器 技士)를 1명 이상 두어야 한다. 다만, 의지 · 보조기 제조업자 자신이 의지 · 보조기 기사인 경우에는 따로 기사를 두지 아니하여도 된다.

③ 의지 · 보조기 제조업자가 제70조에 따른 폐쇄 명령을 받은 후 6개월이 지나지 아니하면 같은 장소에서 같은 제조업을 하여서는 아니 된다.

④ 의지 · 보조기 제조업자는 의사의 처방에 따라 의지 · 보조기를 제조하거나 개조하여야 한다.

제70조(의지 · 보조기 제조업소의 폐쇄 등)

① 시장 · 군수 · 구청장은 의지 · 보조기 제조업자가 다음 각 호의 어느 하나에 해당하는 경우에는 그 제조업소의 폐쇄를 명할 수 있다.

　1. 제69조제2항을 위반하여 의지 · 보조기 기사를 두지 아니하고 의지 · 보조기제조업을 한 경우

　2. 영업정지처분 기간에 영업을 하거나 3회 이상 영업정지처분을 받은 경우

② 시장 · 군수 · 구청장은 의지 · 보조기제조업자가 의지 · 보조기 제조업을 하면서 고의나 중대한 과실로 의지 · 보조기를 착용하는 사람의 신체에 손상을 입힌 사실이 있는 때에는 6개월의 범위 안에서 보건복지부령으로 정하는 바에 따라 영업정지를 명할 수 있다.

〈개정 2008. 2. 29., 2010. 1. 18.〉

제7장 장애인복지 전문인력

제71조(장애인복지 전문인력 양성 등)

① 국가와 지방자치단체 그 밖의 공공단체는 의지 · 보조기 기사, 언어재활사, 장애인재활상담사, 한국수어 통역사, 점역(點譯) · 교정사 등 장애인복지 전문인력, 그 밖에 장애인복지에 관한 업무에 종사하는 자를 양성 · 훈련하는 데에 노력해야 한다.

〈개정 2011. 8. 4., 2015. 12. 29., 2016. 2. 3.〉

② 제1항에 따른 장애인복지전문인력의 범위 등에 관한 사항은 보건복지부령으로 정한다.

〈개정 2008. 2. 29., 2010. 1. 18.〉

③ 국가와 지방자치단체는 제1항에 따른 장애인복지전문인력의 양성업무를 관계 전문기관 등에 위탁할 수 있다.

④ 국가와 지방자치단체는 제1항에 따른 장애인복지전문인력의 양성에 소요되는 비용을 예산의 범위 안에서 보조할 수 있다.

제72조(의지 · 보조기 기사자격증 교부 등)

① 보건복지부장관은 다음 각 호의 어느 하나에 해당하는 자로서 제73조에 따른 국가시험에 합격한 자(이하 "의지 · 보조기 기사"라 한다)에게 의지 · 보조기 기사자격증을 내주어야 한다.

〈개정 2008. 2. 29., 2010. 1. 18., 2013. 3. 23., 2018. 12. 11.〉

1. 「고등교육법」에 따른 전문대학이나 교육부장관이 이와 같은 수준 이상의 학력이 있다고 인정하는 학교에서 보건복지부령으로 정하는 의지 · 보조기 관련 교과목을 이수하고 졸업한 자
2. 보건복지부장관이 인정하는 외국에서 제1호에 해당하는 학교(보건복지부장관이 정하여 고시하는 인정기준에 해당하는 학교를 말한다)와 같은 수준 이상의 교육과정을 마치고 외국의 해당 의지 · 보조기 기사자격증을 받은 자

② 의지 · 보조기 기사자격증을 분실하거나 훼손한 자에게는 신청에 따라 자격증을 재교부한다.

③ 의지 · 보조기 기사자격증은 다른 자에게 대여하지 못한다.

④ 제1항과 제2항에 따른 자격증의 교부 · 재교부 절차와 그 밖에 그 관리에 관하여 필요한 사항은 보건복지부령으로 정한다. 〈개정 2008. 2. 29., 2010. 1. 18.〉

제72조의2(언어재활사 자격증 교부 등)

① 보건복지부장관은 제2항에 따른 자격요건을 갖춘 사람으로서 제73조에 따른 국가시험에 합격한 사람(이하 "언어재활사"라 한다)에게 언어재활사 자격증을 내주어야 한다.

② 언어재활사의 종류 및 국가시험 응시자격 요건은 다음 각 호의 구분과 같다. 이 경우 외국의 대학원·대학·전문대학(보건복지부장관이 정하여 고시하는 인정기준에 해당하는 학교를 말한다)에서 언어재활 분야의 학위를 취득한 사람으로서 등급별 자격기준과 동등한 학력이 있다고 보건복지부장관이 인정하는 경우에는 해당 등급의 응시자격을 갖춘 것으로 본다.

〈개정 2018. 12. 11.〉

1. 1급 언어재활사: 2급 언어재활사 자격증을 가진 사람으로서 다음 각 목의 어느 하나에 해당하는 사람

　가. 「고등교육법」에 따른 대학원에서 언어재활 분야의 박사학위 또는 석사학위를 취득한 사람으로서 언어재활기관에 1년 이상 재직한 사람

　나. 「고등교육법」에 따른 대학에서 언어재활 관련 학과의 학사학위를 취득한 사람으로서 언어재활기관에 3년 이상 재직한 사람

2. 2급 언어재활사: 「고등교육법」에 따른 대학원·대학·전문대학의 언어재활 관련 교과목을 이수하고 관련 학과의 석사학위·학사학위·전문학사학위를 취득한 사람

③ 언어재활사 자격증을 분실하거나 훼손한 사람에게는 신청에 따라 자격증을 재교부한다.

④ 언어재활사 자격증은 다른 사람에게 대여하지 못한다.

⑤ 제1항과 제3항에 따른 자격증의 교부·재교부 절차와 관리 및 제2항에 따른 언어재활기관의 범위, 대학원·대학·전문대학의 언어재활 관련 학과와 언어재활사로서 이수하여야 하는 관련 교과목의 범위 등에 필요한 사항은 보건복지부령으로 정한다.

[본조신설 2011. 8. 4.]

제72조의3(장애인재활상담사 자격증 교부 등)

① 보건복지부장관은 장애인의 직업재활 등을 지원하기 위하여 제2항에 따른 자격요건을 갖춘 사람으로서 제73조에 따른 국가시험에 합격한 사람(이하 "장애인재활상담사"라 한다)에게 장애인재활상담사 자격증을 내주어야 한다.

② 장애인재활상담사의 종류 및 국가시험 응시자격 요건은 다음 각 호의 구분과 같다. 이 경우 외국의 대학원·대학·전문대학(보건복지부장관이 정하여 고시하는 인정기준에 해당하는 학교를 말한다)에서 장애인재활 분야의 학위를 취득한 사람으로서 등급별 자격기준과 동등한 학력이 있다고 보건복지부장관이 인정하는 경우에는 해당 등급의 응시자격을 갖춘 것으

로 본다. 〈개정 2018. 12. 11., 2019. 12. 3.〉

1. 1급 장애인재활상담사: 다음 각 목의 어느 하나에 해당하는 사람

가. 「고등교육법」에 따른 대학원에서 장애인재활 분야의 박사학위를 취득한 사람

나. 「고등교육법」에 따른 대학원·대학·원격대학에서 보건복지부령으로 정하는 장애인재활 관련 교과목을 이수하고 관련 학과의 석사학위 또는 학사학위를 취득한 사람

다. 2급 장애인재활상담사 자격증을 가진 사람으로서 장애인재활 관련 기관에서 3년 이상 재직한 사람

라. 사회복지사 자격증을 가진 사람으로서 장애인재활 관련 기관에서 5년 이상 재직한 사람

2. 2급 장애인재활상담사: 다음 각 목의 어느 하나에 해당하는 사람

가. 「고등교육법」에 따른 전문대학·원격대학에서 보건복지부령으로 정하는 장애인재활 관련 교과목을 이수하고 관련 학과의 전문학사학위를 취득한 사람

나. 삭제 〈2019. 12. 3.〉

다. 사회복지사 자격증을 가진 사람으로서 장애인재활 관련 기관에서 3년 이상 재직한 사람

3. 삭제 〈2019. 12. 3.〉

③ 장애인재활상담사 자격증을 분실하거나 훼손한 사람에게는 신청에 따라 자격증을 재교부한다.

④ 장애인재활상담사 자격증은 다른 사람에게 대여하지 못한다.

⑤ 제1항과 제3항에 따른 자격증의 교부·재교부 절차와 관리, 제2항에 따른 장애인재활 분야·관련 기관·관련 학과·관련 교과목의 범위 등에 필요한 사항은 보건복지부령으로 정한다. 〈개정 2019. 12. 3.〉

[본조신설 2015. 12. 29.]

제73조(국가시험의 실시 등)

① 의지·보조기 기사, 언어재활사 및 장애인재활상담사(이하 "의지·보조기 기사등"이라 한다)의 국가시험은 보건복지부장관이 실시하되, 실시시기·실시방법·시험과목, 그 밖에 시험 실시에 관하여 필요한 사항은 대통령령으로 정한다. 〈개정 2008. 2. 29., 2010. 1. 18., 2011. 8. 4., 2015. 12. 29.〉

② 보건복지부장관은 제1항에 따른 국가시험의 실시에 관한 업무를 대통령령으로 정하는 바에 따라 「한국보건의료인국가시험원법」에 따른 한국보건의료인국가시험원에 위탁할 수 있

다. 〈개정 2008. 2. 29., 2010. 1. 18., 2015. 6. 22.〉

[제목개정 2011. 8. 4.]

제74조(응시자격 제한 등)

① 다음 각 호의 어느 하나에 해당하는 자는 제73조에 따른 국가시험에 응시할 수 없다.

〈개정 2007. 10. 17., 2011. 8. 4., 2017. 2. 8., 2017. 9. 19., 2017. 12. 19.〉

1. 「정신건강증진 및 정신질환자 복지서비스 지원에 관한 법률」 제3조제1호에 따른 정신질환자. 다만, 전문의가 의지·보조기 기사등으로서 적합하다고 인정하는 사람은 그러하지 아니하다.

2. 마약·대마 또는 향정신성의약품 중독자

3. 피성년후견인

4. 이 법이나 「형법」 제234조·제317조제1항, 「의료법」, 「국민건강보험법」, 「의료급여법」, 「보건범죄단속에 관한 특별조치법」, 「마약류 관리에 관한 법률」 또는 「후천성면역결핍증 예방법」을 위반하여 금고 이상의 형을 선고받고 그 형의 집행이 끝나지 아니하였거나 집행을 받지 아니하기로 확정되지 아니한 자

② 부정한 방법으로 제73조에 따른 국가시험에 응시한 자나 국가시험에 관하여 부정행위를 한 자는 그 수험을 정지시키거나 합격을 무효로 한다.

③ 제2항에 따라 수험이 정지되거나 합격이 무효가 된 자는 그 후 2회에 한하여 제73조에 따른 국가시험에 응시할 수 없다.

제75조(보수교육)

① 보건복지부장관은 의지·보조기 기사등에 대하여 자질 향상을 위하여 필요한 보수(補修) 교육을 받도록 명할 수 있다. 〈개정 2008. 2. 29., 2010. 1. 18., 2011. 8. 4.〉

② 제1항에 따른 보수교육의 실시 시기와 방법 등 필요한 사항은 보건복지부령으로 정한다.

〈개정 2008. 2. 29., 2010. 1. 18.〉

제76조(자격취소)

보건복지부장관은 의지·보조기 기사등이 다음 각 호의 어느 하나에 해당한 때에는 그 자격을 취소해야 한다. 〈개정 2008. 2. 29., 2010. 1. 18., 2011. 8. 4., 2015. 12. 29.〉

1. 제72조제3항을 위반해서 타인에게 의지·보조기 기사자격증을 대여한 때

1의2. 제72조의2제4항을 위반하여 타인에게 언어재활사 자격증을 대여하였을 때

1의3. 제72조의3제4항을 위반하여 타인에게 장애인재활상담사 자격증을 대여하였을 때

2. 제74조제1항 각 호의 어느 하나에 해당하게 된 때

3. 제77조에 따른 자격정지처분 기간에 그 업무를 하거나 자격정지 처분을 3회 받은 때

제77조(자격정지)

보건복지부장관은 의지 · 보조기 기사등이 다음 각 호의 어느 하나에 해당하면 6개월 이내의 범위 안에서 보건복지부령으로 정하는 바에 따라 자격을 정지시킬 수 있다.

〈개정 2008. 2. 29., 2010. 1. 18., 2011. 8. 4., 2015. 12. 29.〉

1. 의지 · 보조기 기사의 업무를 하면서 고의 또는 중대한 과실로 의지 · 보조기 착용자의 신체에 손상을 입힌 사실이 있는 때

1의2. 언어재활사의 업무를 하면서 고의 또는 중대한 과실로 언어재활 대상자의 기능에 손상을 입힌 사실이 있을 때

1의3. 장애인재활상담사의 업무를 하면서 고의 또는 중대한 과실로 재활 대상자에게 손해를 입힌 사실이 있을 때

2. 제75조에 따른 보수교육을 연속하여 2회 이상 받지 아니한 때

제78조(수수료)

의지 · 보조기 기사등의 국가시험에 응시하려고 하거나 의지 · 보조기 기사등의 자격증을 교부 또는 재교부받으려 하는 자는 보건복지부령으로 정하는 바에 따라 수수료를 내야 한다.

〈개정 2008. 2. 29., 2010. 1. 18., 2011. 8. 4.〉

제8장 보칙

제79조(비용 부담)

① 제38조제1항, 제43조제1항, 제49조제1항, 제50조제1항 · 제2항 및 제55조제1항에 따른 조치와 제59조제1항에 따른 장애인복지시설의 설치 · 운영에 드는 비용은 예산의 범위 안에서 대통령령으로 정하는 바에 따라 장애인복지실시기관이 부담하게 할 수 있다.

② 국가와 지방자치단체는 장애인이 제58조의 장애인복지시설을 이용하는 데 드는 비용의 전부 또는 일부를 부담할 수 있으며, 시설 이용자의 자산과 소득을 고려하여 본인부담금을 부과할 수 있다. 이 경우 본인부담금에 관한 사항은 대통령령으로 정한다.   〈신설 2011. 3. 30.〉

제80조(비용 수납)

① 제34조제1항제1호에 따른 조치에 필요한 비용을 부담한 장애인복지실시기관은 해당 장애인 또는 그 부양의무자로부터 대통령령으로 정하는 바에 따라 장애인복지실시기관이 부담한 비용의 전부 또는 일부를 받을 수 있다.

② 삭제 〈2011. 3. 30.〉

제80조의2(한국언어재활사협회)

① 언어재활사는 언어재활에 관한 전문지식과 기술을 개발·보급하고 언어재활사의 자질향상을 위한 교육훈련 및 언어재활사의 복지증진을 도모하기 위하여 한국언어재활사협회를 설립할 수 있다.   〈개정 2019. 12. 3.〉

② 제1항에 따른 한국언어재활사협회는 법인으로 한다.   〈개정 2019. 12. 3.〉

③ 제1항에 따른 한국언어재활사협회에 관하여 이 법에서 규정한 것을 제외하고는 「민법」 중 사단법인에 관한 규정을 준용한다.   〈개정 2019. 12. 3.〉

[본조신설 2011. 8. 4.]

제80조의3(한국장애인재활상담사협회)

① 장애인재활상담사는 장애인재활에 관한 전문지식과 기술을 개발·보급하고 장애인재활상담사의 자질향상을 위한 교육훈련 및 장애인재활상담사의 복지증진을 도모하기 위하여 한국장애인재활상담사협회를 설립할 수 있다.

② 제1항에 따른 한국장애인재활상담사협회는 법인으로 한다.

③ 제1항에 따른 한국장애인재활상담사협회에 관하여 이 법에서 규정한 것을 제외하고는 「민법」 중 사단법인에 관한 규정을 준용한다.

[본조신설 2019. 12. 3.]

제81조(비용 보조)

국가와 지방자치단체는 대통령령으로 정하는 바에 따라 장애인복지시설의 설치·운영에 필요한 비용의 전부 또는 일부를 보조할 수 있다.

제82조(압류 금지)

① 이 법에 따라 장애인에게 지급되는 금품은 압류하지 못한다. 〈개정 2016. 5. 29.〉

② 제50조의4제1항에 따른 장애인복지급여수급계좌의 예금에 관한 채권은 압류할 수 없다.

〈신설 2016. 5. 29.〉

제83조(조세감면)

① 이 법에 따라 지급되는 금품, 제58조에 따른 장애인복지시설 및 제63조에 따른 장애인복지단체에서 장애인이 제작한 물품에는 「조세특례제한법」과 「지방세특례제한법」, 그 밖의 조세 관계법령이 정하는 바에 따라 조세를 감면한다. 〈개정 2010. 3. 31.〉

② 삭제 〈2012. 1. 26.〉

제83조의2(청문)

장애인복지실시기관은 다음 각 호의 어느 하나에 해당하는 조치를 하려면 청문을 하여야 한다. 〈개정 2015. 12. 29., 2017. 2. 8.〉

1. 제30조의2제3항에 따른 수행기관의 지정 취소
2. 제32조의3제1항제2호 및 제3호에 따른 장애인 등록의 취소
3. 제62조에 따른 장애인복지시설의 폐쇄 명령
4. 제70조제1항에 따른 의지·보조기 제조업소의 폐쇄 명령
5. 제76조에 따른 의지·보조기 기사등의 자격취소

[본조신설 2012. 1. 26.]

제84조(이의신청)

① 장애인이나 법정대리인등은 이 법에 따른 복지조치에 이의가 있으면 해당 장애인복지실시기관에 이의신청을 할 수 있다. 〈개정 2017. 2. 8., 2017. 12. 19.〉

② 제1항에 따른 이의신청은 복지조치가 있음을 안 날부터 90일 이내에 문서로 하여야 한다. 다만, 정당한 사유로 인하여 그 기간 이내에 이의신청을 할 수 없었음을 증명한 때에는 그 사유가 소멸한 날부터 60일 이내에 이의신청을 할 수 있다. 〈신설 2017. 12. 19.〉

③ 장애인복지실시기관은 제1항에 따른 이의신청을 받은 때에는 30일 이내에 심사·결정하여 신청인에게 통보하여야 한다. 〈개정 2017. 12. 19.〉

④ 제3항에 따른 심사·결정에 이의가 있는 자는 「행정심판법」에 따라 행정심판을 제기할 수 있다. 〈개정 2017. 12. 19.〉

[제목개정 2017. 12. 19.]

제85조(권한위임 등)

① 이 법에 따른 보건복지부장관 및 특별시장·광역시장·특별자치시장·도지사·특별자치도지사(이하 이 조에서 "시·도지사"라 한다)의 권한은 대통령령으로 정하는 바에 따라 국립재활원장, 시·도지사 또는 시장·군수·구청장에게 그 일부를 위임할 수 있다. 〈개정 2015. 6. 22.〉

② 이 법에 따른 보건복지부장관 및 시·도지사의 업무는 대통령령으로 정하는 바에 따라 장애인 관련 단체 또는 법인에 그 일부를 위탁할 수 있다.

[전문개정 2012. 1. 26.]

제85조의2(비밀 누설 등의 금지)

보건복지부 및 특별자치시·특별자치도·시·군·구 소속 공무원과 소속 공무원이었던 사람, 제32조제6항에 따른 정밀심사 의뢰기관의 종사자와 종사자였던 사람, 제32조의5제1항·제32조의6제3항·제59조의11제4항에 따른 수탁기관의 종사자와 종사자였던 사람은 업무 수행 중 알게 된 정보 또는 비밀 등을 이 법에서 정한 목적 외에 다른 용도로 사용하거나 다른 사람 또는 기관에 제공·누설하여서는 아니 된다.

[본조신설 2017. 12. 19.]

제9장 벌칙

제86조(벌칙)

① 제59조의9제1호의 행위를 한 사람은 10년 이하의 징역 또는 1억원 이하의 벌금에 처한다.
〈개정 2017. 2. 8., 2017. 12. 19.〉

② 다음 각 호의 어느 하나에 해당하는 사람은 7년 이하의 징역 또는 7천만원 이하의 벌금에 처

한다. 〈개정 2017. 2. 8., 2017. 12. 19.〉

   1. 제59조의9제2호(상해에 한정한다)의 행위를 한 사람

   2. 제59조의9제2호의2의 행위를 한 사람

③ 다음 각 호의 어느 하나에 해당하는 사람은 5년 이하의 징역 또는 5천만원 이하의 벌금에 처한다. 〈개정 2017. 2. 8., 2017. 12. 19., 2018. 12. 11., 2021. 7. 27.〉

   1. 제50조의3제6항을 위반하여 금융정보등을 이 법에서 정한 목적 외의 용도로 사용하거나 다른 사람 또는 기관에 제공 또는 누설한 사람

   2. 제59조의7제2항 각 호 외의 부분 전단, 같은 조 제3항 또는 제5항에 따른 업무를 수행 중인 장애인권익옹호기관의 직원에 대하여 폭행 또는 협박하거나 위계 또는 위력으로써 그 업무를 방해한 사람

   3. 제59조의9제2호(폭행에 한정한다)부터 제6호까지에 해당하는 행위를 한 사람

④ 다음 각 호의 어느 하나에 해당하는 사람은 3년 이하의 징역 또는 3천만원 이하의 벌금에 처한다. 〈개정 2017. 2. 8., 2017. 12. 19.〉

   1. 제59조의6에 따라 준용되는 「특정범죄신고자 등 보호법」 제8조를 위반하여 신고자의 인적사항 또는 신고자임을 미루어 알 수 있는 사실을 다른 사람에게 알려주거나 공개 또는 보도한 사람

   2. 제59조의9제7호에 해당하는 행위를 한 사람

   3. 제85조의2를 위반하여 업무 수행 중 알게 된 정보 또는 비밀 등을 이 법에서 정한 목적 외에 다른 용도로 사용하거나 다른 사람 또는 기관에 제공 또는 누설한 사람

⑤ 제59조의9제8호의 행위를 한 사람은 1년 이하의 징역 또는 1천만원 이하의 벌금에 처한다. 〈개정 2017. 2. 8., 2017. 12. 19.〉

[전문개정 2015. 6. 22.]

제86조의2(벌칙)

① 제59조의5제1호에 해당하는 불이익조치를 한 자는 2년 이하의 징역 또는 2천만원 이하의 벌금에 처한다.

② 제59조의5제2호부터 제7호까지의 어느 하나에 해당하는 불이익조치를 한 자는 1년 이하의 징역 또는 1천만원 이하의 벌금에 처한다.

[본조신설 2017. 12. 19.]

제87조(벌칙)

다음 각 호의 어느 하나에 해당하는 자는 1년 이하의 징역 또는 1천만원 이하의 벌금에 처한다.

〈개정 2011. 3. 30., 2013. 7. 30., 2017. 2. 8.〉

1. 제8조제2항을 위반하여 장애인을 이용하여 부당한 영리행위를 한 자
2. 제32조제5항을 위반하여 등록증을 양도 또는 대여하거나 양도 또는 대여를 받은 자 및 유사한 명칭 또는 표시를 사용한 자
3. 삭제 〈2017. 12. 19.〉
4. 삭제 〈2017. 12. 19.〉
5. 삭제 〈2017. 12. 19.〉
6. 제59조제2항에 따른 신고 또는 변경신고를 하지 아니하고 장애인복지시설을 설치 · 운영한 자
7. 제60조제3항에 따른 시설 이용자의 권익 보호조치를 위반한 시설 운영자
8. 정당한 사유 없이 제61조제1항에 따른 보고를 하지 아니하거나 거짓의 보고를 한 자, 자료를 제출하지 아니하거나 거짓 자료를 제출한 자, 조사 · 검사 · 질문을 거부 · 방해 또는 기피한 자
9. 제62조에 따른 명령 등을 받고 이행하지 아니한 자
10. 제69조제2항을 위반하여 의지 · 보조기 기사를 두지 아니하고 의지 · 보조기제조업을 한 자
11. 제69조제3항을 위반하여 폐쇄 명령을 받은 후 6개월이 지나지 아니하였음에도 불구하고 같은 장소에서 같은 제조업을 한 자
12. 제70조제1항에 따른 제조업소 폐쇄 명령을 받고도 영업을 한 자

[제86조에서 이동, 종전 제87조는 제88조로 이동 〈2012. 1. 26.〉]

제88조(벌칙)

다음 각 호의 어느 하나에 해당하는 자는 500만원 이하의 벌금에 처한다. 〈개정 2017. 2. 8.〉

1. 제20조제4항을 위반하여 장애인의 입학 지원을 거부하거나 입학시험 합격자의 입학을 거부하는 등 불리한 조치를 한 자
2. 제72조제3항을 위반하여 타인에게 의지 · 보조기 기사자격증을 대여한 자
3. 삭제 〈2012. 1. 26.〉

[제87조에서 이동, 종전 제88조는 제89조로 이동 〈2012. 1. 26.〉]

제88조의2(가중처벌)

① 상습적으로 장애인학대관련범죄를 범한 자는 그 죄에서 정한 형의 2분의 1까지 가중한다.

② 제59조의4제2항에 따른 신고의무자가 자기의 보호·감독 또는 진료를 받는 장애인을 대상으로 장애인학대관련범죄를 범한 때에는 그 죄에서 정한 형의 2분의 1까지 가중한다.

[본조신설 2020. 12. 29.]

제88조의3(「형법」 적용의 일부 배제)

제2조제4항제11호 및 제12호에 따른 장애인학대관련범죄에 대해서는 「형법」 제354조 및 제361조에 따라 준용되는 같은 법 제328조를 적용하지 아니한다.

[본조신설 2021. 7. 27.]

제89조(양벌규정)

법인의 대표자나 법인 또는 개인의 대리인, 사용인, 그 밖의 종업원이 그 법인 또는 개인의 업무에 관하여 제86조부터 제88조까지의 어느 하나에 해당하는 위반행위를 하면 그 행위자를 벌하는 외에 그 법인 또는 개인에게도 해당 조문의 벌금형을 과(科)한다. 다만, 법인 또는 개인이 그 위반행위를 방지하기 위하여 해당 업무에 관하여 상당한 주의와 감독을 게을리하지 아니한 경우에는 그러하지 아니하다. 〈개정 2012. 1. 26.〉

[전문개정 2011. 8. 4.]

[제88조에서 이동, 종전 제89조는 제90조로 이동 〈2012. 1. 26.〉]

제90조(과태료)

① 다음 각 호의 어느 하나에 해당하는 자에게는 1천만원 이하의 과태료를 부과한다.

〈신설 2012. 1. 26., 2018. 12. 11., 2020. 12. 29.〉

1. 제59조의3제10항에 따른 해임요구를 정당한 사유 없이 거부하거나 1개월 이내에 이행하지 아니한 자

2. 제59조의7제2항 후단을 위반하여 정당한 사유 없이 학대받은 장애인의 인수를 거부한 자

② 장애인관련기관의 운영자가 제59조의3제5항을 위반하여 취업자등에 대하여 장애인학대관련범죄등 경력을 확인하지 아니한 경우에는 500만원 이하의 과태료를 부과한다. 〈신설 2012. 1. 26., 2018. 12. 11., 2020. 12. 29.〉

③ 다음 각 호의 어느 하나에 해당하는 자에게는 300만원 이하의 과태료를 부과한다.

〈개정 2008. 2. 29., 2010. 1. 18., 2012. 1. 26., 2012. 10. 22., 2015. 6. 22., 2015. 12. 29., 2017. 2. 8., 2017. 12.

19., 2020. 12. 29., 2021. 7. 27.〉

1. 제32조의3제3항을 위반하여 정당한 사유 없이 등록증 반환 명령을 따르지 아니한 사람

2. 제39조제3항을 위반하여 장애인사용자동차등표지를 대여하거나 보건복지부령으로 정하는 자 외의 자에게 양도한 자 또는 부당하게 사용하거나 이와 비슷한 표지·명칭 등을 사용한 자

3. 제40조제3항을 위반하여 보조견표지를 붙인 장애인 보조견을 동반한 장애인, 장애인 보조견 훈련자 또는 장애인 보조견 훈련 관련 자원봉사자의 출입을 정당한 사유 없이 거부한 자

3의2. 삭제 〈2015. 12. 29.〉

3의3. 삭제 〈2015. 12. 29.〉

3의4. 제59조의4제2항을 위반하여 직무상 장애인학대 및 장애인 대상 성범죄의 발생사실을 알고도 장애인권익옹호기관 또는 수사기관에 신고하지 아니한 사람. 다만, 제59조의4제2항제1호 중 「병역법」 제2조제1항제10호에 따른 사회복무요원은 제외한다.

3의5. 제59조의7제6항을 위반하여 현장조사를 거부·기피하거나 업무를 방해한 자

3의6. 제59조의12제5항을 위반하여 장애인권익옹호기관의 업무 수행을 정당한 사유 없이 거부하거나 방해한 자

4. 제60조제1항에 따른 시설 운영 개시 의무를 위반한 자

5. 제60조제2항에 따른 시설의 운영 중단·재운영·시설폐지 등의 신고의무를 위반한 자

6. 제69조제1항을 위반하여 의지·보조기 제조업소의 개설 또는 변경 사실을 통보하지 아니한 자

7. 제69조제4항을 위반하여 의사의 처방에 의하지 아니하고 의지·보조기를 제조하거나 개조한 의지·보조기 제조업자

④ 제1항부터 제3항까지의 과태료는 대통령령으로 정하는 바에 따라 특별자치시장·특별자치도지사 또는 시장·군수·구청장이 부과·징수한다.   〈개정 2012. 1. 26., 2015. 6. 22.〉

⑤ 삭제 〈2012. 1. 26.〉

[제89조에서 이동 〈2012. 1. 26.〉]

부칙 〈제18625호, 2021. 12. 21.〉

이 법은 공포한 날부터 시행한다. 다만, 제25조의3의 개정규정은 공포 후 6개월이 경과한 날부터 시행하고, 제15조의 개정규정은 공포 후 1년이 경과한 날부터 시행한다.

장애인복지법 시행령

[시행 2022. 12. 29.]
[대통령령 제33176호, 2022. 12. 29., 일부개정]

제1장 총칙

제1조 목적

이 영은 「장애인복지법」에서 위임된 사항과 그 시행에 필요한 사항을 규정함을 목적으로 한다.

제2조(장애의 종류 및 기준)

① 「장애인복지법」(이하 "법"이라 한다) 제2조제2항 각 호 외의 부분에서 "대통령령으로 정하는 장애의 종류 및 기준에 해당하는 자"란 별표 1에서 정한 사람을 말한다. 〈개정 2018. 12. 31.〉

② 장애의 정도는 보건복지부령으로 정한다. 〈개정 2018. 12. 31.〉

[제목개정 2018. 12. 31.]

제2조의2(사업계획의 제출 등)

① 관계 중앙행정기관의 장은 법 제10조의2제3항에 따라 장애인의 권익과 복지증진을 위하여 관련 업무에 대하여 수립한 해당 연도 사업계획 및 전년도의 사업계획 추진실적을 매년 1월 31일까지 보건복지부장관에게 제출하여야 한다.

② 보건복지부장관은 법 제10조의2제4항에 따라 장애인정책종합계획을 수립하거나 변경하였을 때에는 관계 중앙행정기관의 장에게 통보하여야 한다.

③ 보건복지부장관은 제1항에 따라 관계 중앙행정기관의 장이 제출한 전년도 사업계획 추진실적을 매년 평가하여 그 결과를 관계 중앙행정기관의 장에게 통보하여야 한다.

[본조신설 2012. 7. 24.]

제3조(장애인정책조정위원회의 구성)

① 법 제11조에 따른 장애인정책조정위원회(이하 "위원회"라 한다)는 위원장 및 부위원장 각 1명을 포함한 30명 이내의 위원으로 구성한다.

② 위원장은 국무총리가 되고, 부위원장은 보건복지부장관이 되며, 위원은 당연직 위원과 위촉위원으로 한다. 〈개정 2008. 2. 29., 2010. 3. 15.〉

③ 당연직 위원은 기획재정부장관, 교육부장관, 행정안전부장관, 문화체육관광부장관, 산업통상자원부장관, 고용노동부장관, 여성가족부장관, 국토교통부장관, 국무조정실장, 국가보훈처장, 법제처장 및 위원회의 심의사항과 관련되어 위원장이 지정하는 중앙행정기관의 장이 된다. 〈개정 2008. 2. 29., 2010. 3. 15., 2010. 7. 12., 2013. 3. 23., 2014. 11. 19., 2017. 7. 26.〉

④ 위촉위원은 장애인 관련 단체의 장이나 장애인 문제에 관한 학식과 경험이 풍부한 자 중에서 위원장이 위촉하되, 위촉위원 중 2분의 1 이상은 장애인으로 한다.

제3조의2(위원회 위촉위원의 해촉)

위원장은 제3조제4항에 따른 위촉위원이 다음 각 호의 어느 하나에 해당하는 경우에는 해당 위촉위원을 해촉(解囑)할 수 있다.

1. 심신장애로 인하여 직무를 수행할 수 없게 된 경우
2. 직무와 관련된 비위사실이 있는 경우
3. 직무태만, 품위손상이나 그 밖의 사유로 인하여 위원으로 적합하지 아니하다고 인정되는 경우
4. 위원 스스로 직무를 수행하는 것이 곤란하다고 의사를 밝히는 경우
[본조신설 2015. 12. 31.]

제4조(위촉위원의 임기)

위촉위원의 임기는 3년으로 하되, 연임할 수 있다.

제5조(위원장 등의 직무)

① 위원장은 위원회를 대표하며, 위원회의 업무를 총괄한다.
② 부위원장은 위원장을 보좌하며, 위원장이 부득이한 사유로 직무를 수행할 수 없을 때에는 그 직무를 대행한다.

제6조(회의)

① 위원회의 회의는 위원장이 필요하다고 인정할 때 또는 재적위원 3분의 1 이상이 회의 소집을 요청한 때에 위원장이 소집한다.
② 위원회의 회의는 재적위원 과반수의 출석으로 열고, 출석위원 과반수의 찬성으로 의결한다.

제7조(간사)

위원회의 사무를 처리하기 위하여 위원회에 간사 2명을 두되, 국무조정실 사회조정실장과 보건복지부 사회복지정책실장으로 한다.　　　〈개정 2008. 2. 29., 2008. 12. 31., 2010. 3. 15., 2013. 3. 23.〉

제8조(수당 및 여비)

위원회의 회의에 출석한 위원에게는 예산의 범위에서 수당과 여비를 지급할 수 있다. 다만, 공무원인 위원이 그 소관 업무와 직접 관련되어 출석하는 경우에는 그러하지 아니하다.

제9조(운영세칙)

이 영에서 정한 것 외에 위원회의 운영에 필요한 사항은 위원회의 의결을 거쳐 위원장이 정한다.

제10조(장애인정책조정실무위원회의 구성 등)

① 법 제11조제4항에 따른 장애인정책조정실무위원회(이하 "실무위원회"라 한다)는 위원장 1명과 부위원장 1명을 포함한 30명 이내의 위원으로 구성한다.

② 실무위원회의 위원장(이하 "실무위원장"이라 한다)은 보건복지부차관이 되고, 부위원장은 보건복지부 소속 장애인 관련 업무를 담당하는 고위공무원단 소속 공무원이 되며, 위원은 당연직 위원과 위촉 위원으로 한다.　　　　　　　　　　　　　〈개정 2008. 2. 29., 2010. 3. 15.〉

③ 당연직 위원은 기획재정부, 교육부, 행정안전부, 문화체육관광부, 산업통상자원부, 고용노동부, 여성가족부, 국토교통부, 국무조정실, 국가보훈처, 법제처의 고위공무원단 소속 공무원 및 위원회의 심의사항과 관련된 중앙행정기관의 고위공무원단 소속 공무원 중에서 실무위원장이 지정하는 자가 된다.

　　　　　　　〈개정 2008. 2. 29., 2010. 3. 15., 2010. 7. 12., 2013. 3. 23., 2014. 11. 19., 2017. 7. 26.〉

④ 위촉위원은 장애인 관련 단체의 장이나 장애인 문제에 관한 학식과 경험이 풍부한 자 중에서 실무위원장이 위촉하되, 위촉위원 중 2분의 1 이상은 장애인으로 한다.

⑤ 실무위원회는 법 제11조제4항에 따른 업무를 효율적으로 수행하기 위하여 장애인이동편의분과, 장애인고용확대분과 등 분야별 분과위원회를 둘 수 있다.

⑥ 실무위원회의 사무를 처리하기 위하여 실무위원회에 간사 2명을 두되, 국무조정실 및 보건복지부 소속 공무원 중에서 실무위원장이 지정하는 자로 한다.

　　　　　　　　　　　　　　　　〈개정 2008. 2. 29., 2010. 3. 15., 2013. 3. 23.〉

⑦ 실무위원회의 운영에 관하여는 제4조부터 제6조까지, 제8조 및 제9조를 준용한다. 이 경우 "위원회"는 "실무위원회"로, "위원장"은 "실무위원장"으로 본다.

제10조의2(실무위원회 위원의 해촉)

실무위원장은 제10조제3항 또는 제4항에 따른 위원이 다음 각 호의 어느 하나에 해당하는 경우에는 해당 위원을 지정 철회하거나 해촉(解囑)할 수 있다.

    1. 심신장애로 인하여 직무를 수행할 수 없게 된 경우

    2. 직무와 관련된 비위사실이 있는 경우

    3. 직무태만, 품위손상이나 그 밖의 사유로 인하여 위원으로 적합하지 아니하다고 인정되는 경우

    4. 위원 스스로 직무를 수행하는 것이 곤란하다고 의사를 밝히는 경우

    [본조신설 2015. 12. 31.]

제11조(장애인정책책임관의 지정 등)

① 법 제12조제2항에 따른 장애인정책책임관은 중앙행정기관의 장이 해당 기관의 장애인 정책 수립·시행을 담당하는 고위공무원단 소속 공무원 또는 이에 상당하는 공무원 중에서 지정한다.

② 제1항에 따라 지정된 장애인정책책임관의 임무는 다음 각 호와 같다.

    1. 장애인정책 추진계획의 수립에 관한 사항

    2. 장애인정책 추진상황의 점검 및 평가에 관한 사항

    3. 장애인정책 추진 관련 대외협력 업무

    4. 그 밖에 장애인의 권익증진과 장애인에 대한 사회적 인식 개선을 위한 사항으로서 중앙행정기관의 장이 정하는 업무

제12조(지방장애인복지위원회의 구성)

① 법 제13조에 따른 지방장애인복지위원회(이하 "지방위원회"라 한다)는 위원장 1명을 포함한 30명 이내의 위원으로 구성한다.

② 지방위원회의 위원장은 그 지방자치단체의 장이 되고, 위원은 다음 각 호의 어느 하나에 해당하는 자 중에서 지방자치단체의 장이 위촉하거나 임명하는 자로 하되, 위촉위원 중 2분의 1 이상은 장애인으로 한다.

    1. 장애인 관련 단체의 장

    2. 장애인 문제에 관한 학식과 경험이 풍부한 자

    3. 해당 지방자치단체 소속 공무원으로서 장애인정책 관련 업무를 수행하는 자

제13조(다른 법률과의 관계)

① 법 제2조에 따른 장애인 중 다음 각 호의 어느 하나에 해당하는 사람으로서 「국가유공자 등

예우 및 지원에 관한 법률」 제6조의4에 따른 상이등급을 판정받은 사람에 대해서는 법 제15조에 따라 법 제27조, 제30조, 제34조제1항제1호 및 제4호, 제38조, 제39조, 제41조, 제42조, 제46조, 제49조 및 제55조를 적용하지 아니한다. 〈개정 2014. 11. 4., 2018. 6. 19.〉

1. 「국가유공자 등 예우 및 지원에 관한 법률」 제4조에 따른 국가유공자

2. 「국가유공자 등 예우 및 지원에 관한 법률」 제73조 또는 제74조에 따라 국가유공자에 준하여 보상받는 사람

② 법 제2조에 따른 장애인 중 다음 각 호의 어느 하나에 해당하는 사람에 대해서는 법 제15조에 따라 법 제34조제1항제1호 및 제4호, 제38조, 제41조, 제46조, 제49조 및 제55조를 적용하지 아니한다. 〈신설 2014. 11. 4., 2018. 6. 19.〉

1. 「국가유공자 등 예우 및 지원에 관한 법률」(법률 제11041호 국가유공자 등 예우 및 지원에 관한 법률 일부개정법률로 개정되기 전의 것을 말한다) 제73조의2에 따른 국가유공자에 준하는 군경 등으로서 같은 법 제6조의4에 따른 상이등급을 판정받은 사람

2. 「보훈보상대상자 지원에 관한 법률」 제2조에 따른 보훈보상대상자로서 같은 법 제6조에 따른 상이등급을 판정받은 사람

③ 삭제 〈2022. 12. 29.〉

제13조의2(장애인일자리사업 실시)

① 보건복지부장관은 법 제21조제1항에 따라 장애인의 사회참여 기회를 확대하고 적성과 능력에 맞는 일자리를 발굴하여 소득보장을 지원하는 장애인일자리사업을 실시할 수 있다.

② 보건복지부장관은 제1항에 따른 장애인일자리사업을 관리하기 위하여 전산시스템을 구축·운영할 수 있다.

③ 제1항에 따른 장애인일자리사업의 종류 및 운영, 제2항에 따른 전산시스템의 구축·운영 등에 필요한 사항은 보건복지부령으로 정한다.

[본조신설 2014. 11. 4.]

제14조(한국수어 · 폐쇄자막 또는 화면해설방영 방송프로그램의 범위)

법 제22조제2항에서 "대통령령으로 정하는 방송 프로그램"이란 다음 각 호의 어느 하나에 해당하는 방송프로그램을 말한다. 〈개정 2008. 2. 29., 2010. 3. 15.〉

1. 「방송법 시행령」 제50조제2항에 따른 보도에 관한 방송프로그램

2. 「공직선거법」 제70조부터 제74조까지, 제82조 및 제82조의2에 따른 선거에 관한 방송프로그램

3. 「국경일에 관한 법률」에 따른 국경일 및 「각종 기념일 등에 관한 규정」에 따른 기념일의 의식과 그에 부수되는 행사의 중계방송

4. 그 밖에 청각장애인이나 시각장애인이 정보에 접근하는 데에 필요하다고 인정하여 보건복지부장관이 정하여 고시하는 방송

[제목개정 2016. 8. 2.]

제15조(한국수어 통역 또는 점자자료 등의 제공)

① 법 제22조제3항에서 "대통령령으로 정하는 행사"란 다음 각 호의 어느 하나에 해당하는 국경일 또는 기념일의 의식과 그에 부수되는 행사로 한다. 〈개정 2018. 6. 19., 2021. 6. 1.〉

1. 「국경일에 관한 법률」에 따른 국경일

2. 「각종 기념일 등에 관한 규정」에 따른 기념일

② 법 제22조제3항에서 "음성변환용 코드 등 대통령령으로 정하는 전자적 표시"란 다음 각 호의 어느 하나에 해당하는 전자적 표시를 말한다. 〈신설 2018. 6. 19.〉

1. 음성변환용 코드

2. 청각, 촉각 등의 감각을 통하여 습득할 수 있도록 인쇄물 정보를 변환시켜주는 전자적 표시

[제목개정 2016. 8. 2.]

제16조(인식개선교육의 실시)

① 법 제25조제2항에서 "대통령령으로 정하는 교육기관 및 공공단체"란 다음 각 호의 기관 또는 단체를 말한다.

1. 「공공기관의 운영에 관한 법률」에 따른 공공기관

2. 「지방공기업법」에 따른 지방공사 및 지방공단

3. 특별법에 따라 설립된 특수법인

② 법 제25조제2항에 따른 기관 또는 단체(이하 "국가기관등"이라 한다)의 장은 소속 직원·학생을 대상으로 장애인에 대한 인식개선을 위한 교육(이하 "인식개선교육"이라 한다)을 매년 1회 이상, 1시간 이상 실시해야 한다. 다만, 보건복지부장관이 교육 대상별로 교육 시간을 단축하여 달리 정한 경우에는 그에 따라 인식개선교육을 실시해야 한다. 〈개정 2021. 6. 1.〉

③ 인식개선교육에는 다음 각 호의 사항이 포함되어야 한다. 〈개정 2021. 6. 29.〉

1. 장애 및 장애인에 대한 이해와 긍정적 인식의 제고

2. 장애인의 인권과 관련한 법과 제도

3. 장애가 가지는 다양성에 대한 존중

4. 장애인의 자율성 및 자립에 대한 존중

5. 장애인보조기구 및 장애인 편의시설 등의 접근성에 대한 이해

6. 그 밖에 장애인에 대한 인식을 개선할 수 있는 내용

④ 인식개선교육은 집합 교육 또는 인터넷 강의 등을 활용한 원격 교육, 체험 교육 등의 방법으로 하되, 특별한 사정이 없는 한 대면교육을 포함해야 한다.　　　〈개정 2021. 6. 1., 2021. 6. 29.〉

⑤ 국가기관등의 장은 인식개선교육을 실시한 경우 교육 내용, 방법, 교육 대상인원 및 참가인원 등의 교육 결과를 보건복지부령으로 정하는 바에 따라 보건복지부장관에게 제출해야 한다.　　　〈개정 2021. 6. 1.〉

[전문개정 2016. 6. 28.]

[제목개정 2021. 6. 1.]

제16조의2(인식개선교육의 실시 결과 점검 등)

① 법 제25조제3항에 따른 인식개선교육의 실시 결과에 대한 점검은 제16조제5항에 따라 국가기관등으로부터 제출된 서면자료나 법 제25조제8항에 따른 인식개선교육 정보시스템(이하 "인식개선교육정보시스템"이라 한다)에 입력된 자료를 확인하는 방법으로 하되, 필요한 경우 현장점검을 할 수 있다.

② 보건복지부장관은 인식개선교육 이수율 등이 보건복지부장관이 정한 기준에 미치지 못한 국가기관등에 대하여 법 제25조제4항에 따라 제1항의 점검 결과를 통지하고, 통지한 날부터 6개월 이내에 해당 기관의 관리자를 대상으로 특별교육을 실시해야 한다.

③ 보건복지부장관은 제1항의 점검 결과를 인터넷 홈페이지 또는 「신문 등의 진흥에 관한 법률」 제9조제1항에 따라 그 보급지역을 전국으로 하여 등록한 일반일간신문에 게재하여 공표해야 한다.

[본조신설 2021. 6. 1.]

제16조의3(인식개선교육정보시스템의 구축 · 운영)

① 보건복지부장관은 인식개선교육정보시스템을 구축 · 운영하기 위해 국가기관등에 인식개선교육의 효율적 지원 및 실시 결과의 관리 등에 필요한 자료의 입력 또는 제출을 요청할 수 있다.

② 보건복지부장관은 인식개선교육정보시스템을 통하여 다음 각 호의 업무를 수행한다.

1. 인식개선교육 실시 결과 점검 및 관리

2. 인식개선교육 전문강사 관리 및 교육 프로그램 보급

3. 인식개선교육기관 점검 및 관리

[본조신설 2021. 6. 1.]

제16조의4(인식개선교육 업무의 위탁)

보건복지부장관은 법 제25조제10항 및 제85조제2항에 따라 다음 각 호의 업무를 법 제29조의2 제1항에 따른 한국장애인개발원에 위탁한다.

1. 법 제25조제3항 및 제4항에 따른 인식개선교육 실시 결과에 대한 점검과 관리자 특별교육

2. 법 제25조제7항에 따른 전문강사 양성 및 교육프로그램 개발 · 보급

3. 인식개선교육정보시스템의 구축 · 운영

4. 법 제25조의2제1항에 따른 인식개선교육기관 지정 신청서의 접수 · 확인 및 지정 결과의 통지

5. 법 제25조의2제4항에 따른 인식개선교육기관 지정 취소를 위한 사실관계 확인

[본조신설 2021. 6. 1.]

제17조(감면대상시설의 종류 등)

① 법 제30조에 따라 장애인에게 이용요금을 감면할 수 있는 공공시설과 그 감면율은 별표 2와 같다.

② 제1항에 따라 공공시설의 이용요금을 감면받으려는 자는 법 제32조제1항에 따라 발급받은 장애인등록증을 이용하려는 시설의 관리자에게 내보여야 한다.

제18조(실태조사의 방법 등)

① 법 제31조에 따른 장애실태조사는 전수조사 또는 표본조사로 실시하되, 전수조사는 보건복지부장관이 정하는 바에 따라 특별시장 · 광역시장 · 특별자치시장 · 도지사 · 특별자치도지사(이하 "시 · 도지사"라 한다)가 실시하고, 표본조사는 보건복지부장관이 전문연구기관에 의뢰하여 실시한다. 〈개정 2008. 2. 29., 2010. 3. 15., 2012. 7. 24., 2015. 12. 15.〉

② 제1항에 따른 장애실태조사에서 조사할 사항은 다음 각 호와 같다. 이 경우 제2호부터 제7호까지, 제9호 및 제10호에 따른 사항에 대하여 조사할 때에는 성별을 고려하여야 한다. 〈개정 2008. 2. 29., 2010. 3. 15., 2012. 7. 24., 2014. 11. 4.〉

1. 성별, 연령, 학력, 가족사항 등 장애인의 일반특성에 관한 사항

2. 장애 유형, 장애 정도 및 장애 발생 원인 등 장애 특성에 관한 사항

3. 취업·직업훈련, 소득과 소비, 주거 등 경제 상태에 관한 사항

4. 장애인보조기구의 사용, 복지시설의 이용, 재활서비스 및 편의시설의 설치욕구 등 복지욕구에 관한 사항

5. 장애인연금·장애수당·장애인보조기구의 지급 및 장애인등록제도 등 복지지원상황에 관한 사항

6. 일상생활과 여가 및 사회활동 등 사회참여상황에 관한 사항

7. 생활만족도와 생활환경에 대한 태도 등 장애인의 의식에 관한 사항

8. 여성장애인의 임신·출산·육아 등을 위한 복지욕구에 관한 사항

9. 가구유형·가구소득 등 장애인과 비장애인의 비교조사를 위하여 필요한 사항

10. 그 밖에 보건복지부장관이 장애인의 복지를 위하여 필요하다고 인정하는 사항

[제목개정 2012. 7. 24.]

제19조(조사연도)

① 제18조에 따른 실태조사는 2005년을 기준연도로 하여 3년마다 1회씩 실시하되, 조사의 일시는 보건복지부장관이 정한다. 〈개정 2008. 2. 29., 2010. 3. 15.〉

② 보건복지부장관은 제1항에 따른 실태조사 외에 임시조사를 실시할 수 있다.
〈개정 2008. 2. 29., 2010. 3. 15.〉

제20조(보호자 범위)

법 제32조제1항에서 "대통령령으로 정하는 보호자"란 장애인을 보호하고 있는 장애인복지시설의 장, 그 밖에 장애인을 사실상 보호하고 있는 자를 말한다. 〈개정 2016. 6. 28., 2017. 7. 24.〉

제20조의2(정밀심사 의뢰기관)

① 법 제32조제6항에서 "대통령령으로 정하는 「공공기관의 운영에 관한 법률」 제4조에 따른 공공기관"이란 「국민연금법」 제24조에 따른 국민연금공단(이하 "국민연금공단"이라 한다)을 말한다. 〈개정 2018. 12. 31.〉

② 국민연금공단은 법 제32조제6항에 따른 장애 정도에 관한 정밀심사를 실시하기 위해 필요한 전산시스템을 구축·운영할 수 있다. 〈신설 2018. 12. 31.〉

[본조신설 2016. 6. 28.]

제20조의3(서비스 지원 종합조사)

① 법 제32조의4제1항제4호에서 "대통령령으로 정하는 서비스"란 다음 각 호의 어느 하나에 해당하는 서비스를 말한다. 〈개정 2020. 10. 27., 2022. 9. 6.〉

　1. 법 제39조제1항에 따른 장애인이 사용하는 자동차 등에 대한 지원

　2. 법 제39조제2항에 따른 장애인사용자동차등표지(「장애인 · 노인 · 임산부 등의 편의증진 보장에 관한 법률」 제17조제2항에 따른 장애인전용주차구역 주차표지를 포함한다)의 발급

　3. 「장애인활동 지원에 관한 법률」 제19조의2제1항에 따른 활동지원 응급안전서비스

　4. 「발달장애인 권리보장 및 지원에 관한 법률」 제29조의2제1항의 주간활동서비스

② 보건복지부장관 또는 특별자치시장 · 특별자치도지사 · 시장 · 군수 · 구청장(자치구의 구청장을 말한다. 이하 같다)은 법 제32조의4제2항 각 호의 사항을 조사하려면 조사의 일시 · 장소 · 목적 · 내용 및 담당자의 인적 사항 등을 미리 신청인에게 서면으로 알려야 한다.

③ 보건복지부장관 또는 특별자치시장 · 특별자치도지사 · 시장 · 군수 · 구청장은 법 제32조의5제1항에 따라 법 제32조의4에 따른 서비스 지원 종합조사 업무 중 다음 각 호의 업무를 국민연금공단에 위탁한다.

　1. 법 제32조의4제2항 각 호의 사항에 대한 현장조사를 실시하고 그 결과서를 작성하는 업무

　2. 법 제32조의4에 따른 서비스 지원 종합조사에 대한 연구 · 개발 업무

④ 국민연금공단은 제3항 각 호의 업무를 수행하기 위해 필요한 전산시스템을 구축 · 운영할 수 있다.

[본조신설 2018. 12. 31.]

제20조의4(복지서비스에 관한 장애인 지원 사업의 위탁)

국가와 지방자치단체는 법 제32조의6제3항에 따라 같은 조 제1항에 따른 장애인 지원 사업을 법 제29조의2제1항에 따른 한국장애인개발원에 위탁한다.

[본조신설 2019. 6. 11.]

제20조의5(자료의 요청)

① 법 제32조의9제1항 전단에서 "대통령령으로 정하는 기관 · 법인 · 단체"란 다음 각 호의 기관 · 법인 · 단체를 말한다.

　1. 「국민건강보험법」 제13조에 따른 국민건강보험공단 및 같은 법 제62조에 따른 건강보험심사평가원

2. 「도로교통법」 제120조에 따른 도로교통공단

3. 「산업재해보상보험법」 제10조에 따른 근로복지공단

4. 「초 · 중등교육법」 제2조에 따른 학교

5. 그 밖에 장애 인정과 장애 정도에 관한 정밀심사를 위해 필요한 자료를 가진 기관 · 법인 · 단체로서 보건복지부령으로 정하는 기관 · 법인 · 단체

② 법 제32조의9제1항 전단에서 "대통령령으로 정하는 자료"란 별표 3에서 정하는 자료를 말한다.

[본조신설 2022. 1. 25.]

제21조(장애인복지상담원 임용)

① 법 제33조에 따른 장애인복지상담원(이하 "상담원"이라 한다)은 다음 각 호의 어느 하나에 해당하는 사람 중에서 특별자치시장 · 특별자치도지사 · 시장 · 군수 · 구청장이 지방공무원으로 임용한다. 〈개정 2016. 12. 30., 2018. 12. 31.〉

1. 「사회복지사업법」 제11조에 따른 사회복지사 자격증의 소지자

2. 「초 · 중등교육법」 제21조에 따른 특수학교의 교사자격증 소지자

3. 장애인복지 관련 직무 분야에서 근무한 경력이 3년 이상인 사람으로서 해당 지방자치단체의 규칙으로 정하는 임용예정 계급에 상당하는 경력기준에 상응하는 사람

4. 임용예정 직급과 같은 직급에서 공무원으로 2년 이상 근무한 사람

② 특별자치시장 · 특별자치도지사 · 시장 · 군수 · 구청장은 제1항에도 불구하고 해당 지방자치단체의 인력 운용상 부득이한 경우에는 소속 공무원 중 「사회보장급여의 이용 · 제공 및 수급권자 발굴에 관한 법률 시행령」 제23조에 따라 임용한 사회복지전담공무원에게 상담원의 직무를 수행하게 할 수 있다. 〈개정 2016. 12. 30., 2018. 6. 19.〉

제22조(상담원의 직무)

상담원은 다음 각 호의 직무를 수행한다.

1. 장애인과 그 가족 또는 관계인에 대한 상담 및 지도

2. 장애인에 대한 진단 · 진료 또는 보건 등에 관한 지도와 관계 전문기관에 대한 진단 · 진료 또는 보건지도 등의 의뢰

3. 장애인복지시설에 대한 장애인의 입소 · 통원 또는 그 이용의 알선

4. 장애인에 대한 장애인보조기구의 지급과 사용 · 수리 등에 관한 지도

5. 장애인에 대한 직업훈련 · 취업알선과 관계 전문기관에 대한 직업훈련 · 취업알선의 의뢰

6. 장애인을 위한 지역사회자원의 개발 · 조직 · 활용 및 알선

7. 장애인복지시설이나 장애인에 관한 조사 및 지도

8. 그 밖에 장애인의 복지증진에 관한 사항

제23조(산후조리도우미 지원 기준 및 방법)

① 국가와 지방자치단체는 법 제37조제3항에 따라 다음 각 호의 요건을 고려하여 산후조리도우미 지원대상자(이하 "지원대상자"라 한다)를 선정한다.

1. 임산부인 여성장애인의 장애 정도

2. 배우자의 유무, 자녀 수 등의 가구 구성

3. 소득 · 재산 상태

② 국가와 지방자치단체는 제1항에 따라 선정된 지원대상자에게 임신과 출산에 필요한 건강관리와 신생아의 건강관리에 필요한 서비스를 제공하여야 한다.

제24조(자금 대여의 용도 및 대여한도 등)

① 법 제41조에 따라 자금을 대여할 수 있는 대상 용도는 다음 각 호와 같다.

〈개정 2008. 2. 29., 2009. 12. 31., 2010. 3. 15.〉

1. 생업자금

2. 생업이나 출퇴근을 위한 자동차 구입비

3. 취업에 필요한 지도 및 기술훈련비

4. 기능회복 훈련에 필요한 장애인보조기구 구입비

5. 사무보조기기 구입비

6. 그 밖에 보건복지부장관이 장애인 재활에 필요하다고 인정하는 비용

② 제1항에 따른 자금 대여의 한도, 이율 및 거치기간은 보건복지부장관이 관계 중앙행정기관의 장과 협의하여 정한다. 〈개정 2008. 2. 29., 2010. 3. 15.〉

제25조(자금 대여절차 등)

① 법 제41조에 따른 자금의 대여를 받으려는 자는 보건복지부령으로 정하는 바에 따라 자금대여신청서(전자문서를 포함한다)를 신청인의 주소지를 관할하는 특별자치시장 · 특별자치도지사 · 시장 · 군수 · 구청장에게 제출하여야 한다. 〈개정 2008. 2. 29., 2010. 3. 15., 2015. 12. 15.〉

② 특별자치시장 · 특별자치도지사 · 시장 · 군수 · 구청장은 제1항에 따른 자금 대여신청을 받으면 지체 없이 대여여부를 결정하여 신청인에게 통지하고, 그 내용을 자금 대여를 취급하는

금융기관 또는 우편관서에 통보하여야 한다. 이 경우 자금 대여를 신청한 자가 「국민기초생활 보장법」 및 「한부모가족지원법」 등 다른 법령에 따라 제24조제1항 각 호의 자금을 대여받은 경우에는 같은 목적으로 자금을 대여하여서는 아니 된다.

〈개정 2010. 3. 15., 2015. 12. 15.〉

제26조(대여자금 상환방법 등)

① 법 제41조에 따라 자금을 대여받은 자는 보건복지부장관이 정하는 상환기준에 따라 상환하여야 한다. 〈개정 2008. 2. 29., 2010. 3. 15.〉

② 특별자치시장·특별자치도지사·시장·군수·구청장은 자금을 대여받은 자에 대한 대여 내용을 보건복지부령으로 정하는 바에 따라 기록·관리하여야 한다. 〈개정 2008. 2. 29., 2010. 3. 15., 2015. 12. 15.〉

③ 제1항에 따라 자금을 상환하여야 할 자가 거주지를 다른 특별자치시·특별자치도·시·군·구로 이전한 경우에는 전거주지를 관할하는 특별자치시장·특별자치도지사·시장·군수·구청장은 제2항에 따른 서류를 지체 없이 신거주지를 관할하는 특별자치시장·특별자치도지사·시장·군수·구청장에게 송부하여야 한다. 〈개정 2015. 12. 15.〉

④ 특별자치시장·특별자치도지사·시장·군수·구청장은 자금을 대여받은 사람이 대여 신청 당시의 용도대로 자금을 사용하지 아니하는 경우에는 시정을 요구할 수 있으며, 자금을 대여받은 사람이 정당한 사유 없이 시정 요구를 이행하지 아니한 경우에는 대여한 자금을 회수할 수 있다. 〈신설 2012. 7. 24., 2015. 12. 15.〉

제27조(생업 지원)

① 국가와 지방자치단체, 그 밖의 공공단체(이하 "국가등"이라 한다)가 법 제42조제1항에 따라 소관 공공시설에서 매점이나 자동판매기의 설치·운영을 장애인에게 허가하기 위하여 소관 행정재산의 사용·수익을 허가하려는 경우에는 「국유재산법 시행령」 제27조제3항 또는 「공유재산 및 물품관리법 시행령」 제13조제3항에 따라 수의계약의 방법으로 사용·수익자를 결정할 수 있다. 〈개정 2009. 7. 27., 2013. 4. 22.〉

② 제1항에서 "그 밖의 공공단체"란 다음 각 호의 어느 하나에 해당하는 기관을 말한다.

1. 「공공기관의 운영에 관한 법률」 제4조에 따른 공공기관

2. 「지방공기업법」 에 따른 지방공사 또는 지방공단

3. 특별법에 따라 설립된 법인

③ 국가등은 제1항에 따라 사용·수익의 허가를 하려는 경우에는 다음 각 호의 어느 하나에 해

당하는 자에게 우선적으로 허가할 수 있다.

1. 20세 이상으로서 세대주인 장애인
2. 20세 이상으로서 배우자가 세대주인 장애인

제28조(장애인 응시자에 대한 편의제공)

법 제46조의2에 따라 장애인 응시자에 대하여 편의를 제공하여야 하는 기관·단체 및 대상 시험은 다음 각 호와 같다.

1. 국가 및 지방자치단체가 실시하는 채용시험
2. 「공공기관의 운영에 관한 법률」에 따른 공공기관이 실시하는 채용시험
3. 특별법에 따라 설립된 특수법인이 실시하는 채용시험
4. 「유아교육법」, 「초·중등교육법」 또는 「고등교육법」에 따른 각급 학교가 실시하는 채용시험
5. 국가가 실시하는 「자격기본법」 제2조제4호에 따른 국가자격 취득을 위한 시험
6. 「자격기본법」 제20조제3항에 따른 공인자격관리자가 실시하는 같은 법 제2조제5호의3에 따른 공인자격 취득을 위한 시험

[본조신설 2016. 6. 28.]

제29조 삭제 〈2012. 7. 24.〉

제30조(장애수당 등의 지급대상자)

① 법 제49조에 따른 장애수당을 지급받을 수 있는 사람은 18세 이상으로서 장애인으로 등록한 사람 중 「국민기초생활 보장법」에 따른 수급자 또는 차상위계층으로서 장애로 인한 추가적 비용 보전(補塡)이 필요한 사람으로 한다. 다만, 제2항에 따라 장애아동수당을 지급받는 사람은 제외한다.　　　　　　　　　　　　　　　　　　　　　　〈개정 2019. 12. 31.〉

② 법 제50조제1항에 따른 장애아동수당을 지급받을 수 있는 사람은 다음 각 호의 요건을 모두 갖춘 사람으로 한다.　　　　　　　　　　　　　　　　　　　　〈개정 2019. 12. 31.〉

1. 18세 미만(해당 장애인이 「초·중등교육법」 제2조에 따른 학교에 재학 중인 사람으로서 「장애인연금법」에 따른 수급자가 아닌 경우에는 20세 이하의 경우를 포함한다)일 것
2. 장애인으로 등록하였을 것
3. 「국민기초생활 보장법」에 따른 수급자 또는 차상위계층으로서 장애로 인한 추가적 비용 보전이 필요할 것

③ 법 제50조제2항에 따른 보호수당을 지급받을 수 있는 사람은 다음 각 호의 요건을 모두 갖춘 사람으로 한다. 〈개정 2019. 12. 31.〉

1. 「국민기초생활 보장법」에 따른 수급자일 것
2. 중증 장애로 다른 사람의 도움이 없이는 일상생활을 영위하기 어려운 18세 이상(해당 장애인이 20세 이하로서 「초·중등교육법」에 따른 고등학교와 이에 준하는 특수학교 또는 각종학교에 재학 중인 경우는 제외한다)의 장애인을 보호하거나 부양할 것

제31조(장애 정도의 심사 대상 등)

① 법 제49조제3항에 따라 특별자치시장·특별자치도지사·시장·군수·구청장은 법 제50조의2제1항에 따라 장애수당의 지급을 신청한 사람의 장애 정도에 대하여 심사할 수 있다. 다만, 다음 각 호의 어느 하나에 해당하는 사람은 제외한다. 〈개정 2018. 12. 31.〉

1. 법 제32조제6항에 따라 장애 정도에 관한 정밀심사를 받아 장애 정도가 정해진 사람. 다만, 법 제32조제3항에 따라 특별자치시장·특별자치도지사·시장·군수·구청장이 해당 신청인의 장애 상태의 변화에 따른 장애 정도 조정을 위하여 장애 진단을 받게 하는 등의 조치가 필요하다고 인정하는 사람은 제외한다.
2. 65세 이상인 사람
3. 그 밖에 장애 상태의 변화 가능성이 현저하게 낮아 장애 정도를 심사하지 아니할 타당한 사유가 있는 것으로 보건복지부장관이 인정하는 사람

② 특별자치시장·특별자치도지사·시장·군수·구청장은 제1항에 따라 심사 대상자의 장애 정도에 대하여 심사를 하는 경우 국민연금공단에 의뢰하여 심사 대상자의 장애 정도가 제2조에 따른 장애의 종류 및 기준 등에 해당하는지를 심사하여야 한다. 〈개정 2018. 12. 31.〉

③ 제1항 및 제2항에서 규정한 사항 외에 장애 정도 심사의 세부적인 방법 및 기준에 관하여 필요한 사항은 보건복지부장관이 정하여 고시하는 장애 정도에 관한 심사 방법 및 기준에 따른다.

[본조신설 2017. 7. 24.]

제32조(장애수당등의 지급 시기 및 방법)

① 제30조에 따른 장애수당·장애아동수당 및 보호수당(이하 "장애수당등"이라 한다)은 그 신청일이 속한 달부터 지급하되, 장애수당등을 지급하지 아니하기로 결정한 달(해당 월분의 수당은 전부를 지급한다. 다만, 「국민기초생활 보장법」상의 부양의무자가 없는 장애수당등의 수급자가 사망한 경우 특별자치시장·특별자치도지사·시장·군수·구청장의 급여 결

정 전에 이미 사망사실을 확인한 경우에는 지급하지 아니한다)까지 지급한다.

〈개정 2012. 7. 24., 2015. 12. 15.〉

② 장애수당등은 매월 20일(토요일이거나 공휴일인 경우에는 그 전날로 한다)에 금융기관이나 우편관서의 지급대상자 계좌에 입금하는 방법으로 지급한다. 이 경우 지급대상자로 결정된 사람이 다음 각 호의 어느 하나에 해당하는 경우에는 지급대상자의 배우자, 직계혈족 또는 3촌 이내의 방계혈족 명의 계좌에 입금할 수 있다. 〈개정 2009. 12. 31., 2010. 3. 15., 2015. 12. 15.〉

1. 성년후견개시의 심판, 한정후견개시의 심판 또는 특정후견의 심판이 확정된 경우

2. 채무불이행으로 인하여 금전채권이 압류된 경우

3. 치매 또는 보건복지부장관이 정하는 거동불가의 사유로 인하여 본인 명의의 계좌를 개설하기 어려운 경우

③ 제2항 후단에 따른 계좌에 장애수당등을 지급하려는 특별자치시장·특별자치도지사·시장·군수·구청장은 보건복지부장관이 정하는 바에 따라 미리 그 사유, 입금한 장애수당등의 사용목적 및 다른 용도 사용금지 등에 관한 사항을 안내하여야 한다.

〈신설 2009. 12. 31., 2010. 3. 15., 2015. 12. 15.〉

④ 제3항의 안내를 받고 제2항 후단에 따른 계좌로 장애수당등을 받으려는 자는 보건복지부령으로 정하는 서류를 특별자치시장·특별자치도지사·시장·군수·구청장에게 제출하여야 한다. 〈신설 2009. 12. 31., 2010. 3. 15., 2015. 12. 15.〉

⑤ 제2항에도 불구하고 지급대상자 또는 같은 항 후단에 따른 계좌로 입금받을 자가 금융기관 또는 우편관서가 없는 지역에 거주하는 등 부득이 한 사유가 있는 경우에는 해당 금전을 지급대상자 또는 같은 항 후단에 따른 계좌로 입금받을 자에게 직접 지급할 수 있다. 〈신설 2009. 12. 31.〉

제33조(장애수당등의 지급방법 및 지급기준)

① 장애수당등의 구체적인 지급대상과 지급기준은 장애인의 보호에 드는 비용을 고려하여 매년 예산의 범위에서 보건복지부장관이 정한다. 〈개정 2008. 2. 29., 2010. 3. 15.〉

② 장애수당등은 현금으로 지급한다.

제33조의2(금융정보 등의 범위)

① 법 제50조의2제2항제1호에서 "대통령령으로 정하는 자료 또는 정보"란 다음 각 호의 자료 또는 정보를 말한다. 〈개정 2015. 12. 15.〉

1. 보통예금, 저축예금, 자유저축예금 등 요구불예금: 최근 3개월 이내의 평균잔액

2. 정기예금, 정기적금, 정기저축 등 저축성예금: 잔액 또는 총납입금

3. 주식, 수익증권, 출자금, 출자지분: 최종 시세가액. 이 경우 비상장주식의 가액 평가에 관하여는 「상속세 및 증여세법 시행령」 제54조제1항을 준용한다.

4. 채권, 어음, 수표, 채무증서, 신주인수권 증서: 액면가액

5. 연금저축: 정기적으로 지급된 금액 또는 최종 잔액

6. 제1호부터 제5호까지의 규정에 따른 금융재산에서 발생하는 이자액과 배당액 또는 할인액

② 법 제50조의2제2항제2호에서 "대통령령으로 정하는 자료 또는 정보"란 다음 각 호의 자료 또는 정보를 말한다.

1. 대출 현황 및 연체 내용

2. 신용카드 미결제금액

③ 법 제50조의2제2항제3호에서 "대통령령으로 정하는 자료 또는 정보"란 다음 각 호의 자료 또는 정보를 말한다.

1. 보험증권: 해약하는 경우 지급받게 될 환급금 또는 최근 1년 이내에 지급된 보험금

2. 연금보험: 해약하는 경우 지급받게 될 환급금 또는 정기적으로 지급되는 금액

[본조신설 2012. 7. 24.]

제33조의3(금융정보 등의 요청 및 제공)

① 특별자치시장·특별자치도지사·시장·군수·구청장은 법 제50조의2제2항에 따라 제출받은 동의 서면을 「사회복지사업법」 제6조의2제2항에 따른 정보시스템(이하 "정보시스템"이라 한다)을 통하여 보건복지부장관에게 제출하여야 한다. 〈개정 2015. 12. 15.〉

② 제1항에 따른 동의 서면을 제출받은 보건복지부장관은 법 제50조의3제1항에 따라 「금융실명거래 및 비밀보장에 관한 법률」 제2조제1호에 따른 금융회사등이나 「신용정보의 이용 및 보호에 관한 법률」 제25조제2항제1호에 따른 종합신용정보집중기관(이하 "금융기관등"이라 한다)의 장에게 신청인과 그 가구원에 대한 법 제50조의2제2항제1호부터 제3호까지의 금융정보, 신용정보 및 보험정보(이하 "금융정보등"이라 한다)의 제공을 요청하는 경우에는 요청 내용에 다음 각 호의 사항을 포함하여야 한다. 〈개정 2020. 8. 4.〉

1. 신청인과 그 가구원의 성명과 주민등록번호

2. 제공을 요청하는 금융정보등의 범위와 조회기준일 및 조회기간

③ 제2항에 따라 금융정보등의 제공을 요청받은 금융기관등의 장이 보건복지부장관에게 해당 금융정보등을 제공할 때에는 제공 내용에 다음 각 호의 사항을 포함하여야 한다.

    1. 신청인과 그 가구원의 성명과 주민등록번호

    2. 금융정보등을 제공하는 금융기관등의 명칭

    3. 제공대상 금융상품명과 계좌번호

    4. 금융정보등의 내용

④ 보건복지부장관은 금융기관등의 장에게 해당 금융기관등이 가입한 협회, 연합회 또는 중앙회 등의 정보통신망을 이용하여 제2항에 따른 금융정보등을 제공하도록 요청할 수 있다.

⑤ 보건복지부장관은 제3항에 따라 금융기관등의 장으로부터 제공받은 금융정보등을 정보시스템을 통하여 특별자치시장ㆍ특별자치도지사ㆍ시장ㆍ군수ㆍ구청장에게 통보하여야 한다.

〈개정 2015. 12. 15.〉

⑥ 법 제50조의3제2항에 따른 수급자와 그 가구원에 대한 금융정보등의 제공 요청에 관하여는 제2항부터 제4항까지의 규정을 준용한다. 이 경우 "신청인"은 "수급자"로 본다.

[본조신설 2012. 7. 24.]

제33조의4(장애인복지급여수급계좌의 신청 방법 등)

① 법 제50조의4제1항 본문에 따라 자녀교육비 및 장애수당등을 수급자 명의의 지정된 계좌(이하 "장애인복지급여수급계좌"라 한다)로 받으려는 사람은 보건복지부령으로 정하는 장애인복지급여수급계좌 입금 신청서에 예금통장(계좌번호가 기록되어 있는 면을 말한다) 사본을 첨부하여 관할 특별자치시장ㆍ특별자치도지사ㆍ시장ㆍ군수ㆍ구청장에게 제출하여야 한다. 장애인복지급여수급계좌를 변경하는 경우에도 또한 같다.

② 특별자치시장ㆍ특별자치도지사ㆍ시장ㆍ군수ㆍ구청장은 법 제50조의4제1항 단서에 따라 다음 각 호의 어느 하나에 해당하는 경우에는 자녀교육비 및 장애수당등을 직접 현금으로 지급할 수 있다.

    1. 장애인복지급여수급계좌가 개설된 금융기관이 폐업, 업무정지 또는 정보통신장애 등으로 인하여 정상영업을 못하는 경우

    2. 수급자가 금융기관을 쉽게 이용할 수 없는 지역에 거주하는 경우

    3. 그 밖에 이에 준하는 불가피한 사유로 자녀교육비 및 장애수당등을 장애인복지급여수급계좌로 이체할 수 없는 경우

③ 특별자치시장ㆍ특별자치도지사ㆍ시장ㆍ군수ㆍ구청장은 법 제50조의2제1항에 따라 자녀교육비 및 장애수당등의 지급을 신청하는 사람에게 제1항에 따른 장애인복지급여수급계좌의 신청 방법 등을 안내하여야 한다.

[본조신설 2016. 11. 22.]

제34조(자녀교육비 및 장애수당등의 환수)

① 특별자치시장·특별자치도지사·시장·군수·구청장은 법 제51조제1항에 따라 자녀교육비 및 장애수당등을 환수하려는 경우에는 자녀교육비 및 장애수당등을 받은 사람에게 자녀교육비 및 장애수당등의 환수 사유, 환수금액, 납부기간, 납부기관 및 이의신청방법 등을 구체적으로 밝혀 자녀교육비 및 장애수당등의 환수금을 납부할 것을 보건복지부령으로 정하는 자녀교육비 및 장애수당등의 환수결정 통지서에 따라 통지하여야 한다. 이 경우 납부기한은 통지일부터 30일 이상으로 하여야 한다. 〈개정 2015. 12. 15.〉

② 제1항에 따라 통지를 받은 사람은 해당 납부기관에 자녀교육비 및 장애수당등의 환수금을 납부하여야 하며, 환수금을 납부받은 기관의 장은 자녀교육비 및 장애수당등의 환수금을 납부받았음을 관할 특별자치시장·특별자치도지사·시장·군수·구청장에게 지체 없이 통지하여야 한다. 〈개정 2015. 12. 15.〉

③ 특별자치시장·특별자치도지사·시장·군수·구청장은 제1항에 따라 통지를 받은 사람이 납부기간에 자녀교육비 및 장애수당등의 환수금을 납부하지 아니한 경우에는 30일 이상의 기간을 정하여 납부를 독촉하여야 한다. 〈개정 2015. 12. 15.〉

[전문개정 2012. 7. 10.]

제35조(결손처분)

특별자치시장·특별자치도지사·시장·군수·구청장은 법 제51조제4항에 따라 결손처분을 하려는 경우에는 관할 세무서 등 관계 행정기관 및 「국민건강보험법」에 따른 국민건강보험공단 등 관련 기관을 통하여 체납자의 행방 또는 재산 유무를 조사·확인하여야 한다. 다만, 체납된 금액이 10만원 미만인 경우에는 그러하지 아니하다. 〈개정 2015. 12. 15.〉

[본조신설 2012. 7. 10.]

제36조(장애인복지시설)

법 제58조제1항제5호에서 "대통령령으로 정하는 시설"이란 다음 각 호의 시설을 말한다.

1. 법 제59조의13제1항의 장애인 쉼터

2. 법 제59조의13제2항의 피해장애아동 쉼터

3. 장애인생산품 판매시설

[전문개정 2022. 9. 6.]

제36조의2(장애인학대관련범죄 등의 경력 조회)

① 법 제59조의3제1항 각 호에 따른 시설 또는 기관(이하 "장애인관련기관"이라 한다)의 설치 신고·허가 등을 관할하는 행정기관의 장(이하 "관할행정기관장"이라 한다) 및 장애인관련 기관 운영자는 같은 조 제4항 본문 및 같은 조 제5항 본문에 따라 장애인학대관련범죄나 성 범죄(이하 "장애인학대관련범죄등"이라 한다)의 경력 조회를 요청하려면 장애인학대관련범 죄등 경력 조회 요청서에 다음 각 호의 구분에 따른 서류를 첨부하여 관할 경찰관서의 장에 게 제출해야 한다. 이 경우 경찰관서가 운영하는 정보통신망을 통하여 해당 서류를 제출할 수 있고, 관할 경찰관서의 장이 「전자정부법」 제36조제1항에 따른 행정정보의 공동이용을 통하여 제출서류에 대한 정보를 확인할 수 있는 경우에는 그 확인으로 서류제출을 갈음할 수 있다. 〈개정 2021. 6. 29.〉

1. 관할행정기관장이 요청하는 경우: 장애인학대관련범죄등 경력 조회 대상자의 동의서

2. 장애인관련기관 운영자가 요청하는 경우: 다음 각 목의 서류

　가. 장애인관련기관 운영자임을 증명하는 서류

　나. 장애인학대관련범죄등 경력 조회 대상자의 동의서

② 장애인관련기관을 운영하려는 자와 장애인관련기관에 취업 중이거나 사실상 노무를 제공 중인 사람 또는 취업하려 하거나 사실상 노무를 제공하려는 사람(이하 "취업자등"이라 한다) 은 법 제59조의3제4항 단서 및 같은 조 제5항 단서에 따른 장애인학대관련범죄등 경력 조회 회신서의 발급을 요청하려면 장애인학대관련범죄등 경력 조회 요청서에 다음 각 호의 구분 에 따른 서류를 첨부하여 관할 경찰관서의 장에게 제출해야 한다. 이 경우 경찰관서가 운영 하는 정보통신망을 통하여 해당 서류를 제출할 수 있고, 관할 경찰관서의 장이 「전자정부 법」 제36조제1항에 따른 행정정보의 공동이용을 통하여 제출서류에 대한 정보를 확인할 수 있는 경우에는 그 확인으로 서류제출을 갈음할 수 있다. 〈개정 2021. 6. 29.〉

1. 장애인관련기관을 운영하려는 자가 요청하는 경우: 다음 각 목의 서류

　가. 운영하려는 시설 또는 기관이 장애인관련기관임을 증명하는 서류

　나. 본인의 신분을 증명하는 서류

2. 취업자등이 요청하는 경우: 다음 각 목의 서류

　가. 장애인관련기관의 취업자등임을 증명하는 서류

　나. 본인의 신분을 증명하는 서류

③ 제1항 또는 제2항에 따라 장애인학대관련범죄등의 경력 조회를 요청받은 경찰관서의 장은 장애인학대관련범죄등 경력 조회 대상자가 법 제59조의3제1항에 따라 장애인관련기관의 운 영이나 장애인관련기관에 취업 또는 사실상 노무의 제공이 제한되는 사람(이하 "취업제한등

대상자"라 한다)인지 여부를 확인하여 회신해야 한다.　　　　　　　〈개정 2021. 6. 29.〉

[전문개정 2019. 6. 11.]

[제목개정 2021. 6. 29.]

제36조의3(폐쇄 또는 해임의 요구)

① 관할행정기관장은 법 제59조의3제9항 또는 제10항에 따라 장애인관련기관의 운영자에게 장애인관련기관의 폐쇄 또는 취업제한등대상자의 해임을 요구하려면 법 위반사실, 요구내용 및 이행시한 등을 명시한 서면으로 해야 한다.　　　　　〈개정 2019. 6. 11., 2021. 6. 29.〉

② 관할행정기관장은 제1항에 따라 해임을 요구할 때에는 해당 취업제한등대상자에게도 그 사실을 알려야 한다.　　　　　　　　　　　　　〈개정 2019. 6. 11., 2021. 6. 29.〉

③ 제1항에 따른 해임 요구를 받은 장애인관련기관 운영자와 제2항에 따른 통지를 받은 취업자는 해임 요구 또는 해임 요구의 통지를 받은 날부터 10일 이내에 관할행정기관장에게 이의를 신청할 수 있다.　　　　　　　　　　　　　　　　　　〈개정 2021. 6. 29.〉

④ 관할행정기관장은 제3항에 따른 이의신청을 받으면 2주일 이내에 심사하여 그 결과를 해당 장애인관련기관 운영자와 취업자에게 알려야 한다.　　　　〈개정 2021. 6. 29.〉

⑤ 관할행정기관장 또는 관할행정기관장으로부터 장애인관련기관의 폐쇄를 요구받은 관계 행정기관의 장은 법 제59조의3제11항에 따라 장애인관련기관을 폐쇄하려면 미리 그 사실을 해당 장애인관련기관의 운영자에게 알려야 한다.　　〈신설 2019. 6. 11., 2021. 6. 29.〉

⑥ 관할행정기관장 또는 관할행정기관장으로부터 장애인관련기관의 폐쇄를 요구받은 관계 행정기관의 장은 법 제59조의3제11항에 따라 장애인관련기관을 폐쇄하는 경우에는 해당 시설 또는 기관을 이용하는 사람을 다른 장애인관련기관으로 옮기도록 하는 등 해당 시설 또는 기관을 이용하는 사람의 권익을 보호하기 위하여 필요한 조치를 해야 한다.　〈신설 2019. 6. 11., 2021. 6. 29.〉

[본조신설 2012. 7. 24.]

[제목개정 2019. 6. 11.]

제36조의4(장애인학대 및 장애인 대상 성범죄의 신고 절차와 방법 등의 안내)

보건복지부장관은 법 제59조의4제4항에 따른 장애인학대 및 장애인 대상 성범죄의 신고 절차ㆍ방법 등을 안내하기 위하여 장애인학대 및 장애인 대상 성범죄 예방, 신고 의무, 신고 절차 및 신고 방법에 관한 교육 자료를 작성하여 같은 조 제2항 각 호에 따른 신고의무자에게 배포하여야 한다.　　　　　　　　　　　　　　　　　　〈개정 2016. 6. 28.〉

[본조신설 2015. 12. 15.]

[제목개정 2016. 6. 28.]

[종전 제36조의4는 제36조의8로 이동 〈2015. 12. 15.〉]

제36조의5(장애인학대 및 장애인 대상 성범죄의 예방 및 신고를 위한 조치)

① 보건복지부장관은 법 제59조의4제5항에 따라 장애인학대 및 장애인 대상 성범죄를 예방하고 수시로 신고를 받을 수 있도록 하기 위하여 제36조의4에 따른 교육 자료에 장애인학대 및 장애인 대상 성범죄의 예방 및 방지와 관련된 기관이 신고를 위하여 설치한 전화번호(이하 "신고전화번호"라 한다)를 포함시켜야 한다.　　　　　　　　　　　　　　〈개정 2016. 6. 28.〉

② 지방자치단체의 장은 법 제59조의4제5항에 따라 장애인학대 및 장애인 대상 성범죄를 예방하고 수시로 신고를 받을 수 있도록 하기 위하여 신고전화번호를 지방자치단체의 청사 출입구 등 해당 청사 안에서 잘 보이는 곳에 게시하여야 한다.　　　　　　〈개정 2016. 6. 28.〉

③ 지방자치단체의 장은 법 제59조의4제5항에 따라 장애인학대 및 장애인 대상 성범죄를 예방하고 수시로 신고를 받을 수 있도록 하기 위하여 법 제58조에 따른 장애인복지시설의 장에게 신고전화번호를 해당 시설의 출입구 등에 게시하도록 안내하여야 한다.　　〈개정 2016. 6. 28.〉

[본조신설 2015. 12. 15.]

[제목개정 2016. 6. 28.]

제36조의6(신고의무자에 대한 교육 내용 등)

① 법 제59조의4제6항 및 제7항에 따른 장애인학대 및 장애인 대상 성범죄의 예방 및 신고의무와 관련된 교육(이하 "장애인학대 및 장애인 대상 성범죄 예방 교육"이라 한다)에는 다음 각 호의 사항이 포함되어야 한다.　　　　　　　　　　　〈개정 2016. 6. 28., 2021. 6. 29.〉

1. 장애인학대 및 장애인 대상 성범죄의 예방 및 신고의무에 관한 법령

2. 장애인학대 및 장애인 대상 성범죄의 발견 시 신고 방법

3. 피해장애인 보호 절차

4. 장애인학대 및 장애인 대상 성범죄 사례

② 법 제59조의4제2항 각 호에 따른 소관 중앙행정기관의 장(이하 이 조에서 "소관 중앙행정기관의 장"이라 한다)은 같은 항 각 호의 어느 하나에 해당하는 사람의 자격 취득 과정이나 보수교육 과정에 장애인학대 및 장애인 대상 성범죄 예방 교육을 1시간 이상 포함시켜야 한다. 이 경우 소관 중앙행정기관의 장은 장애인학대 및 장애인 대상 성범죄 예방 교육을 다음 각 호의 교육과 함께 실시할 수 있다.　　　　　　　　〈개정 2016. 6. 28., 2021. 6. 29.〉

1. 「아동복지법」 제26조제1항에 따른 자격 취득 과정이나 보수교육 과정에 포함된 아동학대 예방 및 신고의무와 관련된 교육
2. 「노인복지법」 제39조의6제4항에 따른 자격취득 교육과정이나 보수교육 과정에 포함된 노인학대 예방 및 신고의무와 관련된 교육

③ 법 제59조의4제2항에 따른 신고의무자가 소속된 기관·시설 등의 장(이하 이 항에서 "소속기관의장"이라 한다)은 소속 장애인학대 신고의무자에게 신고의무에 관한 교육을 매년 1시간 이상 실시해야 한다. 이 경우 소속기관의장은 신고의무에 관한 교육을 다음 각 호의 교육과 함께 실시할 수 있다. 〈개정 2021. 6. 29.〉

1. 「아동복지법」 제26조제3항에 따른 신고의무 교육
2. 「노인복지법」 제39조의6제5항에 따른 노인학대예방 및 신고의무에 관한 교육

④ 장애인학대 및 장애인 대상 성범죄 예방 교육은 집합 교육 또는 인터넷 강의 등을 활용한 원격 교육으로 할 수 있다. 〈개정 2021. 6. 29.〉

[본조신설 2015. 12. 15.]

제36조의7(장애인학대의 예방 및 방지 의무)

법 제59조의10제6호에서 "대통령령으로 정하는 장애인학대의 예방과 방지를 위한 사항"이란 다음 각 호의 사항을 말한다. 〈개정 2018. 6. 19.〉

1. 장애인학대의 예방과 방지를 위한 관계 기관 간의 협력체계 구축
2. 법 제58조에 따른 장애인복지시설 등 장애인학대 예방 및 방지 관련 기관에 대한 지도·감독

[본조신설 2015. 12. 15.]

제36조의8(장애인권익옹호기관의 설치·운영기준)

① 법 제59조의11제1항 및 제2항에 따른 중앙장애인권익옹호기관 및 지역장애인권익옹호기관(이하 "장애인권익옹호기관"이라 한다)은 업무에 필요한 사무실, 상담실, 교육실 및 대기실 등을 갖추어야 한다. 〈개정 2018. 6. 19.〉

② 장애인권익옹호기관의 장은 다음 각 호의 사항이 포함된 운영관리 규정을 마련하여야 한다.

1. 운영방침 및 업무분장
2. 운영시간
3. 상담자 관리 방법
4. 재무·회계 등의 장부 작성 및 비치

5. 그 밖에 장애인권익옹호기관의 적정한 운영을 위하여 필요한 사항

③ 제1항 및 제2항에서 규정한 사항 외에 장애인권익옹호기관의 설치·운영기준에 관한 세부적인 사항은 보건복지부령으로 정한다.

[본조신설 2016. 12. 30.]

[종전 제36조의8은 제36조의11로 이동 〈2016. 12. 30.〉]

제36조의9(장애인권익옹호기관 상담원의 자격기준 등)

장애인권익옹호기관의 상담원은 다음 각 호의 어느 하나에 해당하는 자격을 가진 사람이어야 한다. 〈개정 2017. 5. 29.〉

1. 「사회복지사업법」 제11조제1항에 따른 사회복지사

2. 「장애인 등에 대한 특수교육법」 제2조제4호에 따른 특수교육교원

3. 「국가기술자격법」 제9조제2호 및 같은 법 시행령 제12조의2제1항·별표 1에 따른 임상심리사

4. 「정신건강증진 및 정신질환자 복지서비스 지원에 관한 법률」 제17조제1항에 따른 정신건강전문요원

5. 변호사

6. 그 밖에 장애인복지 또는 인권 분야에 종사한 경험이 있는 사람으로서 장애인권익옹호에 필요한 전문성을 가지고 있다고 인정하여 보건복지부장관이 정하는 사람

[본조신설 2016. 12. 30.]

제36조의10(장애인권익옹호기관의 운영 위탁)

① 보건복지부장관 또는 시·도지사는 법 제59조의11제4항에 따라 장애인권익옹호기관의 운영을 위탁하려면 「공공기관의 운영에 관한 법률」 제4조에 따른 공공기관 또는 장애인학대의 예방 및 방지를 목적으로 하는 비영리법인을 대상으로 공개모집을 실시하여야 한다. 이 경우 다음 각 호의 기준을 종합적으로 고려하여 수탁기관을 지정하여야 한다. 〈개정 2018. 6. 19.〉

1. 제36조의8 및 제36조의9에 따른 장애인권익옹호기관의 설치·운영기준 및 상담원 자격기준의 충족 여부

2. 장애인권익옹호 관련 업무의 수행실적 및 운영계획

② 보건복지부장관 또는 시·도지사는 법 제59조의11제4항에 따라 장애인권익옹호기관의 운영을 위탁하는 경우에는 위탁받는 공공기관이나 비영리법인 및 위탁업무의 내용 등을 고시하여야 한다. 〈개정 2018. 6. 19.〉

③ 제1항 및 제2항에서 규정한 사항 외에 장애인권익옹호기관의 운영 위탁에 필요한 사항은 보건복지부장관이 정하여 고시한다.

[본조신설 2016. 12. 30.]

제36조의11(장애인권익옹호기관의 성과평가 등)

① 법 제59조의17제1항에 따른 장애인권익옹호기관의 업무 실적에 대한 성과평가 항목은 다음 각 호와 같다.

1. 장애인권익옹호기관 운영 및 인력관리의 적정성

2. 장애인학대 신고접수 및 현장조사 처리 등의 적정성

3. 장애인학대 예방 관련 교육 및 홍보 실적

4. 그 밖에 장애인권익옹호기관의 업무 실적에 대한 성과평가를 위해 보건복지부장관이 필요하다고 인정하는 항목

② 보건복지부장관은 제1항에 따른 성과평가 결과가 우수한 장애인권익옹호기관을 포상할 수 있다.

③ 보건복지부장관은 제1항에 따른 성과평가 결과가 우수한 장애인권익옹호기관에 관한 사례를 장애인권익옹호기관 종사자에 대한 교육 및 홍보 자료로 활용해야 한다.

[본조신설 2022. 1. 25.]

[종전 제36조의11은 제36조의12로 이동 〈2022. 1. 25.〉]

제36조의12(장애인 거주시설 이용계약절차의 대행자)

법 제60조의2제6항에서 "대통령령으로 정하는 자"란 다음 각 호의 순서에 따른 자를 말한다.

〈개정 2015. 12. 15.〉

1. 「민법」에 따른 장애인의 후견인

2. 장애인의 배우자 또는 부양의무자인 1촌의 직계혈족

3. 장애인의 주소지(주소지가 없거나 알 수 없는 경우에는 현재지)를 관할하는 특별자치시장·특별자치도지사·시장·군수·구청장이 지명하는 사람

[본조신설 2012. 3. 26.]

[제36조의11에서 이동 〈2022. 1. 25.〉]

제37조(국가시험의 시행 및 공고 등)

① 보건복지부장관은 법 제73조제1항에 따른 의지·보조기 기사, 언어재활사 및 장애인재활상

담사의 국가시험(이하 "국가시험"이라 한다)을 매년 1회 이상 시행하여야 한다.

〈개정 2008. 2. 29., 2010. 3. 15., 2012. 7. 24., 2017. 10. 31.〉

② 보건복지부장관은 법 제73조제2항에 따라 국가시험의 실시에 관한 업무를 「한국보건의료인국가시험원법」에 따른 한국보건의료인국가시험원(이하 "국가시험관리기관"이라 한다)에 위탁한다. 〈개정 2015. 12. 22.〉

③ 국가시험관리기관의 장은 국가시험을 실시하려면 미리 보건복지부장관의 승인을 받아 시험 일시, 시험장소, 시험과목, 응시수수료 및 응시원서의 제출기간, 그 밖에 시험의 실시에 필요한 사항을 시험 실시 90일전까지 공고하여야 한다. 다만, 시험장소는 지역별 응시인원이 확정된 후 시험 실시 30일 전까지 공고할 수 있다. 〈개정 2008. 2. 29., 2010. 3. 15., 2012. 5. 1.〉

④ 국가시험관리기관의 장은 장애인이 시험에 응시하는 경우 장애의 종류 및 정도에 따라 필요한 편의를 제공하여야 한다. 〈신설 2012. 7. 24.〉

제38조(시험과목 및 합격자 결정방법)

① 국가시험의 방법은 다음 각 호의 구분에 따른다. 〈개정 2012. 7. 24., 2017. 10. 31.〉

1. 의지 · 보조기 기사 국가시험: 필기시험 및 실기시험

2. 언어재활사 국가시험: 필기시험

3. 장애인재활상담사 국가시험: 필기시험

② 제1항에 따른 필기시험 과목은 별표 4와 같다. 〈개정 2012. 7. 24.〉

③ 제1항제1호에 따른 실기시험에는 필기시험에 합격한 사람만이 응시할 수 있으며, 실기시험은 의지 · 보조기의 제작능력을 측정하는 것을 내용으로 한다. 〈신설 2012. 7. 24.〉

④ 국가시험의 합격자 결정은 필기시험의 경우에는 전 과목 총점의 6할 이상, 각 과목 4할 이상을 득점한 자를 합격자로 하며, 실기시험의 경우에는 총점의 6할 이상을 득점한 자를 합격자로 한다. 〈개정 2012. 7. 24.〉

제39조(시험위원)

① 국가시험관리기관의 장은 국가시험을 시행하려면 시험과목별로 전문지식을 갖춘 자 중에서 시험위원을 위촉한다.

② 제1항에 따른 시험위원에게는 예산의 범위에서 수당과 여비를 지급할 수 있다.

제40조(국가시험의 응시 및 합격자 발표)

① 국가시험에 응시하려는 자는 국가시험관리기관의 장이 정하는 응시원서를 국가시험관리기

관의 장에게 제출하여야 한다.

② 국가시험관리기관의 장은 국가시험의 합격자를 결정·발표하고, 그 합격자에 대한 다음 각
호의 사항을 보건복지부장관에게 보고하여야 한다.　　　　　　　〈개정 2008. 2. 29., 2010. 3. 15.〉

　　1. 성명 및 주민등록번호

　　2. 국가시험 합격번호 및 합격 연월일

제41조(관계 기관 등에의 협조 요청)

　국가시험관리기관의 장은 국가시험관리업무를 원활히 수행하기 위하여 필요하면 국가·지방
자치단체 또는 관계 기관이나 단체에 시험장소 및 시험감독의 지원 등 필요한 사항에 관하여 협조
를 요청할 수 있다.

제42조(비용 부담)

① 법 제79조제1항에 따라 법 제38조제1항, 제43조제1항, 제49조제1항, 제50조제1항·제2항 및
제55조제1항에 따른 조치에 드는 비용은 국가와 지방자치단체가 부담하되, 그 부담 비율은
「보조금 관리에 관한 법률 시행령」으로 정하는 바에 따른다. 〈개정 2011. 10. 26., 2012. 3. 26.,
2018. 6. 19.〉

② 법 제59조제1항에 따른 장애인복지시설의 설치·운영에 드는 비용은 해당 시설을 설치한 국
가나 지방자치단체가 부담한다.

③ 법 제79조제2항에 따른 본인부담금은 「국민기초생활 보장법」 제2조제11호에 따른 기준
중위소득 및 법 제79조제1항에 따라 장애인복지실시기관이 매년 지원하는 시설운영비 등을
고려하여 매년 보건복지부장관이 정한다.　　　　　　　　　〈신설 2012. 3. 26., 2015. 11. 30.〉

④ 제3항에 따른 본인부담금은 시설 이용자의 자산 및 소득 등에 따라 감면할 수 있다. 이 경우
자산 및 소득 등의 산정에 관하여는 「국민기초생활 보장법」 제2조 및 같은 법 시행령 제2
조 및 제3조를 준용한다.　　　　　　　　　　　　　　　　　　　　　　〈신설 2012. 3. 26.〉

⑤ 제3항 및 제4항에 따른 본인부담금의 금액, 감면 대상 및 감면 금액 등은 매년 보건복지부장
관이 정하여 고시한다.　　　　　　　　　　　　　　　　　　　　　　〈신설 2012. 3. 26.〉

제43조(비용 수납)

　보건복지부장관, 시·도지사 또는 시장·군수·구청장은 법 제80조제1항에 따라 복지조치에
든 비용을 받으려면 해당 장애인 또는 그 부양의무자로부터 실비(實費)에 해당하는 금액을 받아야
한다. 다만, 해당 장애인이나 그 부양의무자가 「국민기초생활 보장법」 제7조제1항제1호에 따른

생계급여 수급자 또는 같은 항 제3호에 따른 의료급여 수급자인 경우에는 그 금액을 경감하거나 면제할 수 있다. 〈개정 2008. 2. 29., 2010. 3. 15., 2015. 11. 30.〉

제44조(비용 보조)

① 국가나 지방자치단체는 법 제81조에 따라 장애인복지시설의 설치ㆍ운영에 필요한 비용의 일부를 매년 예산의 범위에서 보조한다. 이 경우 장애인복지시설의 운영에 필요한 비용의 보조 비율은 「보조금 관리에 관한 법률 시행령」으로 정하는 바에 따른다. 〈개정 2011. 10. 26.〉

② 제1항에 따라 국가나 지방자치단체가 장애인복지시설의 운영에 드는 비용을 보조하는 경우에는 「사회복지사업법」 제43조의2에 따른 시설 평가의 결과 등 해당 장애인복지시설의 운영 실적을 고려하여 차등을 두어 보조할 수 있다. 〈개정 2012. 8. 3.〉

제45조 삭제 〈2012. 7. 24.〉

제45조의2(민감정보 및 고유식별정보의 처리)

① 국가, 지방자치단체(해당 권한이 위임ㆍ위탁된 경우에는 그 권한을 위임ㆍ위탁받은 자를 포함한다) 또는 국민연금공단(제1호 및 제1호의2의 사무만 해당한다)은 다음 각 호의 사무를 수행하기 위하여 불가피한 경우 「개인정보 보호법」 제23조에 따른 건강에 관한 정보나 같은 법 시행령 제19조에 따른 주민등록번호, 여권번호, 운전면허의 면허번호 또는 외국인등록번호가 포함된 자료를 처리할 수 있다.
〈개정 2012. 7. 24., 2014. 11. 4., 2016. 12. 30., 2017. 3. 27., 2018. 6. 19., 2018. 12. 31., 2021. 6. 29.〉

1. 법 제32조에 따른 장애인 등록 등에 관한 사무

1의2. 법 제32조의4에 따른 서비스 지원 종합조사에 관한 사무

1의3. 법 제34조에 따른 재활상담 등의 조치에 관한 사무

1의4. 법 제38조에 따른 자녀교육비 지급에 관한 사무

2. 법 제39조에 따른 장애인사용자동차등표지의 발급에 관한 사무

2의2. 법 제41조에 따른 자금 대여에 관한 사무

3. 법 제49조에 따른 장애수당 지급에 관한 사무

4. 법 제50조에 따른 장애아동수당과 보호수당의 지급에 관한 사무

4의2. 법 제59조의3에 따른 장애인관련기관에의 취업제한 등에 관한 사무

4의3. 법 제59조의10에 따른 장애인학대의 예방과 방지에 관한 사무

5. 삭제 〈2018. 6. 19.〉

6. 제13조의2에 따른 장애인일자리사업에 관한 사무

7. 제17조에 따른 이용요금 감면에 관한 사무

② 보건복지부장관 또는 국가시험관리기관은 다음 각 호의 사무를 수행하기 위하여 불가피한 경우 「개인정보 보호법」 제23조에 따른 건강에 관한 정보, 같은 법 시행령 제18조제2호에 따른 범죄경력자료에 해당하는 정보, 같은 영 제19조제1호 또는 제4호에 따른 주민등록번호 또는 외국인등록번호가 포함된 자료를 처리할 수 있다.　　　　〈개정 2012. 7. 24., 2017. 10. 31.〉

1. 법 제72조에 따른 의지 · 보조기 기사자격증, 법 제72조의2에 따른 언어재활사 자격증 및 법 제72조의3에 따른 장애인재활상담사 자격증 교부에 관한 사무

2. 법 제73조에 따른 국가시험의 관리에 관한 사무

3. 법 제74조에 따른 국가시험 응시자격의 확인에 관한 사무

[본조신설 2012. 1. 6.]

제45조의3 삭제 〈2021. 3. 2.〉

제46조(과태료의 부과기준)

법 제90조에 따른 과태료의 부과기준은 별표 5와 같다.

[전문개정 2012. 7. 24.]

부칙 〈제33176호, 2022. 12. 29.〉

이 영은 공포한 날부터 시행한다.

장애인복지법
시행규칙

[시행 2022. 12. 30.]
[보건복지부령 제932호, 2022. 12. 30., 타법개정]

제1장 총칙

제1조(목적)

이 규칙은 「장애인복지법」 및 같은 법 시행령에서 위임된 사항과 그 시행에 필요한 사항을 규정함을 목적으로 한다.

제2조(장애인의 장애 정도 등)

① 「장애인복지법 시행령」 (이하 "영"이라 한다) 제2조제2항에 따른 장애 정도는 별표 1과 같다.
〈개정 2019. 6. 4.〉

② 보건복지부장관은 제1항에 따른 장애 정도의 구체적인 판정기준을 정하여 고시할 수 있다.
〈개정 2008. 3. 3., 2010. 3. 19., 2019. 6. 4.〉

[제목개정 2019. 6. 4.]

제2조의2(인식개선교육의 실시 결과 제출)

「장애인복지법」 (이하 "법"이라 한다) 제25조제2항 및 영 제16조제5항에 따라 장애인에 대한 인식개선을 위한 교육(이하 "인식개선교육"이라 한다)을 실시한 국가기관 및 지방자치단체의 장, 「영유아보육법」에 따른 어린이집, 「유아교육법」 · 「초 · 중등교육법」 · 「고등교육법」에 따른 각급 학교의 장 및 영 제16조제1항 각 호에 따른 기관 또는 단체(이하 "국가기관등"이라 한다)의 장은 매년 2월 말일까지 전년도의 인식개선교육 실시 결과를 법 제25조제8항에 따른 인식개선교육 정보시스템을 통해 보건복지부장관에게 제출해야 한다.

[전문개정 2021. 6. 4.]

제2조의3(인식개선교육기관의 지정)

① 보건복지부장관은 다음 각 호의 어느 하나에 해당하는 기관 · 법인 · 시설 · 단체를 법 제25조의2제1항에 따른 인식개선교육기관(이하 "인식개선교육기관"이라 한다)으로 지정할 수 있다.

1. 법 제58조에 따른 장애인복지시설로서 장애인에 대한 사회적 인식개선 사업을 수행하는 시설

2. 법 제63조에 따른 장애인복지단체

3. 「사회복지사업법」 제2조제3호에 따른 사회복지법인

4. 정관이나 규약 등에 인식개선교육의 실시를 사업 내용으로 하고 있는 법인 · 비영리민간

단체

　5. 그 밖에 보건복지부장관이 인식개선교육의 실시에 적합하다고 인정하는 기관 · 법인 · 시설 · 단체

② 보건복지부장관은 인식개선교육기관을 지정하려는 경우에는 인식개선교육기관의 지정계획을 수립하여 보건복지부의 홈페이지에 20일 이상 공고해야 한다.

③ 제2항에 따라 인식개선교육기관으로 지정받으려는 자는 별지 제1호서식의 인식개선교육기관 지정 신청서에 다음 각 호의 서류를 첨부하여 법 제29조의2제1항에 따른 한국장애인개발원의 장(이하 "한국장애인개발원장"이라 한다)에게 제출해야 한다.

　1. 교육 운영 계획서

　2. 법 제25조의2제3항에 따른 전문강사 보유 현황

　3. 교육에 사용할 교육 교재

　4. 그 밖에 보건복지부장관이 인식개선교육기관의 지정을 위해 필요하다고 인정하는 서류

④ 보건복지부장관은 다음 각 호의 사항을 고려하여 인식개선교육기관을 지정해야 한다.

　1. 교육 운영 계획의 충실성 및 실행가능성

　2. 인력, 교재 등의 전문성 및 적정성

　3. 그 밖에 보건복지부장관이 인식개선교육기관의 기능 수행을 위해 필요하다고 인정하는 사항

⑤ 한국장애인개발원장은 제3항에 따른 신청서를 접수한 날부터 20일 이내에 제4항에 따라 보건복지부장관이 인식개선교육기관으로 지정한 기관에 별지 제1호의2서식의 인식개선교육기관 지정서를 발급해야 한다.

⑥ 제5항에 따라 인식개선교육기관 지정서를 발급받은 자는 다음 각 호의 어느 하나에 해당하는 경우, 별지 제1호의3서식의 인식개선교육기관 지정서 재발급 신청서에 증명자료를 첨부하여 한국장애인개발원장에게 인식개선교육기관 지정서의 재발급을 신청할 수 있다.

　1. 지정서를 잃어버리거나 지정서가 헐어 못쓰게 된 경우

　2. 지정서의 기재사항이 변경된 경우

[본조신설 2021. 6. 4.]

[종전 제2조의3은 제2조의6으로 이동 〈2021. 6. 4.〉]

제2조의4(인식개선교육의 방법)

　인식개선교육기관의 장은 법 제25조의2제2항에 따라 영 제16조제3항 각 호의 사항을 포함한 인식개선교육을 같은 조 제4항에 따른 방법으로 실시해야 한다.

[본조신설 2021. 6. 4.]

[종전 제2조의4는 제2조의7로 이동 〈2021. 6. 4.〉]

제2조의5(인식개선교육기관의 전문강사)

법 제25조의2제3항에서 "보건복지부령으로 정하는 자격을 가진 전문강사"란 법 제25조제7항 및 영 제16조의4제2호에 따라 한국장애인개발원장이 개발한 전문강사 양성 과정을 이수한 사람으로서 한국장애인개발원장이 전문강사로 위촉한 사람을 말한다.

[본조신설 2021. 6. 4.]

제2조의6(수행기관의 지정 기준)

법 제30조의2제2항에 따른 장애인 가족 지원 사업 수행기관(이하 "수행기관"이라 한다)의 지정 기준은 별표 1의2와 같다.

[본조신설 2017. 8. 9.]

[제2조의3에서 이동 〈2021. 6. 4.〉]

제2조의7(수행기관의 지정 절차 등)

① 보건복지부장관 또는 지방자치단체의 장은 수행기관을 지정하려면 관보 또는 인터넷 홈페이지에 다음 각 호의 사항을 10일 이상 공고하여야 한다.

1. 지정 요건

2. 수행사업의 종류 및 내용

3. 그 밖에 수행기관 지정 신청에 필요한 사항

② 수행기관으로 지정받으려는 기관 또는 단체는 별지 제1호의6서식의 수행기관 지정신청서에 다음 각 호의 서류를 첨부하여 보건복지부장관 또는 해당 지방자치단체의 장에게 제출하여야 한다. 이 경우 보건복지부장관 또는 지방자치단체의 장은 「전자정부법」 재36조제1항에 따른 행정정보의 공동이용을 통하여 법인 등기사항증명서(법인의 경우에만 해당한다)를 확인하여야 한다. 〈개정 2021. 6. 4.〉

1. 기관 또는 단체의 정관이나 이에 준하는 약정

2. 사업계획서

3. 제2조의6에 따른 지정 기준을 충족하였음을 확인할 수 있는 서류

③ 보건복지부장관 또는 지방자치단체의 장은 제2항에 따른 신청을 받으면 현지조사를 실시한 후 다음 각 호의 사항을 종합적으로 고려하여 수행기관을 지정하여야 한다.

1. 사업목적의 비영리성

2. 사업계획(재정·시설·인력 운용계획서를 포함한다)의 타당성

3. 제1항제3호에 따른 수행사업의 이행능력

④ 보건복지부장관 또는 지방자치단체의 장은 수행기관을 지정하는 경우에는 별지 제1호의7서식의 수행기관 지정서(전자문서를 포함하다)를 해당 수행기관에게 발급하여야 한다.

〈개정 2021. 6. 4.〉

⑤ 제3항에 따라 지정을 받은 수행기관은 해당 연도의 사업운영계획을 매년 1월 31일까지 보건복지부장관 또는 해당 지방자치단체의 장에게 제출하여야 하며, 반기별 사업운영실적을 매 반기 종료 후 1개월 이내에 보건복지부장관 또는 해당 지방자치단체의 장에게 제출하여야 한다.

⑥ 제3항에 따라 지정을 받은 수행기관은 제2항 각 호의 어느 하나에 해당하는 사항이 변경되는 경우에는 보건복지부장관 또는 해당 지방자치단체의 장에게 그 사실을 통지하여야 한다.

[본조신설 2017. 8. 9.]

[제2조의4에서 이동 〈2021. 6. 4.〉]

제3조(장애인의 등록신청 및 장애 진단)

① 법 제32조제1항에 따라 장애인의 등록을 신청하려는 자는 별지 제1호의4서식의 장애인 등록 및 서비스 신청서에 다음 각 호의 서류를 첨부하여 관할 읍·면·동장을 거쳐 특별자치시장·특별자치도지사·시장·군수·구청장(자치구의 구청장을 말하며, 이하 "시장·군수·구청장"이라 한다)에게 제출해야 한다. 다만, 시장·군수·구청장은 법 제32조의2에 따라 장애인 등록을 하려는 사람에 대해서는 「전자정부법」 제36조제1항에 따른 행정정보의 공동이용을 통하여 재외동포 및 외국인임을 증명하는 서류를 확인해야 하며, 신청인이 확인에 동의하지 않은 경우에는 이를 첨부하도록 해야 한다.

〈개정 2011. 2. 1., 2013. 1. 25., 2015. 8. 3., 2016. 6. 30., 2016. 12. 30., 2019. 6. 4., 2021. 6. 4.〉

1. 사진(신청 전 6개월 이내에 모자 등을 쓰지 않고 촬영한 천연색 상반신 정면사진으로 가로 3.5센티미터, 세로 4.5센티미터의 사진을 말한다) 1장

2. 등록대상자의 장애 상태를 확인할 수 있는 서류

② 제1항에 따른 등록신청을 받은 시장·군수·구청장은 등록대상자와의 상담을 통하여 그 장애 상태가 영 제2조에 따른 장애의 기준에 명백하게 해당되지 않는 경우 외에는 지체 없이 별지 제2호서식의 의뢰서에 따라 「의료법」 제3조에 따른 의료기관 또는 「지역보건법」 제10조 및 제13조에 따른 보건소와 보건지소(이하 "의료기관"이라 한다) 중 보건복지부장관이

정하는 장애유형별 해당 전문의가 있는 의료기관에 장애 진단을 의뢰할 수 있다.

〈개정 2008. 3. 3., 2010. 3. 19., 2015. 11. 18., 2019. 6. 4.〉

③ 제2항에 따라 장애 진단을 의뢰받은 의료기관은 장애인의 장애 상태를 진단한 후 별지 제3호 서식의 진단서를 장애 진단을 의뢰한 시장·군수·구청장에게 통보해야 한다.

〈개정 2019. 6. 4.〉

④ 시장·군수·구청장은 제3항에 따라 통보받은 진단 결과에 대하여 보다 정밀한 심사가 필요하다고 인정되는 경우에는 국민연금공단에 장애 정도에 관한 심사를 의뢰할 수 있다. 이 경우 장애 정도에 관한 국민연금공단의 심사 방법 및 기준 등에 필요한 사항은 보건복지부장관이 정하여 고시한다.　　　〈개정 2008. 3. 3., 2010. 3. 12., 2010. 3. 19., 2011. 2. 1., 2019. 6. 4.〉

[제목개정 2019. 6. 4.]

제3조의2(진료기록 열람 등의 동의)

① 법 제32조제6항에 따라 장애 정도에 관한 정밀심사를 의뢰받은 공공기관이 법 제32조의9제2항 전단에 따른 동의를 받으려는 경우에는 별지 제1호의4서식의 신청서 또는 별지 제1호의5서식의 진료기록 열람 및 사본 교부 요청 동의서에 따른다.　　　〈개정 2021. 6. 4., 2022. 9. 6.〉

② 법 제32조의9제2항 전단에 따라 열람 또는 사본 교부를 요청할 수 있는 진료에 관한 사항은 진료기록 자료, 검사결과 자료 등 「의료법」에 따른 의료기관의 진료관련 기록으로 한다.

〈개정 2022. 9. 6.〉

③ 제1항에 따른 공공기관이 법 제32조의9제2항에 따라 의료기관으로부터 해당 진료에 관한 사항을 열람하거나 사본을 교부받은 경우에는 심사를 받으려는 본인이나 법정대리인 또는 영 제20조에 따른 보호자(이하 "법정대리인등"이라 한다)에게 우편이나 휴대전화 문자전송 등의 방법으로 그 사실을 통보해야 한다.　　　〈개정 2017. 8. 9., 2022. 9. 6.〉

[본조신설 2016. 6. 30.]

제4조(장애인등록증 교부 등)

① 시장·군수·구청장은 제3조에 따라 진단 결과나 장애 정도에 관한 심사 결과를 통보받은 경우에는 제2조에 따른 장애 정도에 해당하는지를 확인하여 장애인으로 등록해야 한다. 이 경우 해당 장애인에 대한 장애인등록카드를 작성하고, 장애인등록증(이하 "등록증"이라 한다)을 발급해야 한다.　　　〈개정 2019. 6. 4.〉

② 장애인은 등록증을 잃어버리거나 그 등록증이 훼손되어 못 쓰게 되었을 때 또는 제3항에 따라 「여신전문금융업법」 제2조에 따른 신용카드나 직불카드(이하 "신용카드등"이라 한다)

와 통합된 등록증으로 재발급 받으려는 경우에는 별지 제1호의4서식의 신청서에 등록증(등록증을 잃어버린 경우는 제외한다)을 첨부하여 관할 읍·면·동장을 거쳐 시장·군수·구청장에게 재발급을 신청하여야 한다. 〈개정 2009. 12. 31., 2016. 6. 30., 2021. 6. 4.〉

③ 시장·군수·구청장은 제2항에 따라 장애인이 신용카드등과 통합된 등록증의 발급을 신청하는 경우에는 이를 발급할 수 있다.

④ 장애인은 등록증의 기재사항을 변경하려면 별지 제5호서식의 신청서에 장애인등록증과 기재사항의 변경내용을 증명할 수 있는 서류를 첨부하여 관할 읍·면·동장을 거쳐 시장·군수·구청장에게 신청하여야 한다. 이 경우 시장·군수·구청장이 「전자정부법」 제36조제1항에 따른 행정정보의 공동이용을 통하여 기재사항의 변경내용을 증명할 수 있는 서류에 대한 정보를 확인할 수 있는 경우에는 그 확인으로 첨부서류를 갈음하되, 신청인이 확인에 동의하지 않는 경우에는 그 서류를 첨부하여야 한다. 〈개정 2010. 9. 1.〉

제5조(등록증 서식 등)

① 등록증의 재질·규격 및 표기사항은 다음 각 호와 같으며, 표기사항의 위치와 그 밖에 필요한 사항은 보건복지부장관이 따로 정한다. 〈개정 2008. 3. 3., 2010. 3. 19., 2019. 6. 4.〉

1. 재질: 플라스틱

2. 규격: 가로 8.6센티미터, 세로 5.4센티미터

3. 표기사항: 장애인의 성명·주소·사진·주민등록번호·장애종류·장애 정도·등록일, 보호자 연락처, 기재사항 변경란, 발급일, 발급기관, 발급기관의 직인. 다만, 제4조제3항에 따라 신용카드등과 통합된 등록증의 경우에는 보건복지부장관이 정하는 바에 따라 표기사항의 일부를 생략할 수 있다.

② 제1항에 따른 등록증 발급기관의 직인은 그 직인의 인영(印影: 도장을 찍은 모양)을 인쇄함으로써 날인을 대신할 수 있다. 〈개정 2019. 9. 27.〉

제6조(장애 정도의 조정)

① 장애인은 장애 상태가 현저하게 변화되어 장애 정도의 조정이 필요한 경우에는 별지 제1호의4서식의 신청서에 등록증과 등록대상자의 장애 상태를 확인할 수 있는 서류를 첨부하여 시장·군수·구청장에게 장애 정도의 조정을 신청할 수 있다. 〈개정 2019. 6. 4., 2021. 6. 4.〉

② 제1항에 따라 장애 정도의 조정신청을 받은 시장·군수·구청장은 의료기관에 장애 진단을 의뢰할 수 있다. 〈개정 2019. 6. 4.〉

③ 제2항에 따라 장애 진단을 의뢰받은 의료기관은 장애인의 장애 상태를 진단한 후 별지 제3호

서식의 진단서를 장애 진단을 의뢰한 시장·군수·구청장에게 통보해야 한다.

〈개정 2019. 6. 4.〉

④ 시장·군수·구청장은 제3항에 따라 통보받은 진단결과에 대하여 보다 정밀한 심사가 필요하다고 인정되는 경우에는 국민연금공단에 장애 정도에 관한 심사를 의뢰할 수 있다. 이 경우 장애 정도에 관한 국민연금공단의 심사 방법 및 기준 등에 필요한 사항은 보건복지부장관이 정하여 고시한다.　　　　〈개정 2008. 3. 3., 2010. 3. 12., 2010. 3. 19., 2011. 2. 1., 2019. 6. 4.〉

⑤ 제3항과 제4항에 따라 진단 결과나 장애 정도 심사결과를 통보받은 시장·군수·구청장은 통보받은 내용을 토대로 장애 정도를 조정하고, 그 결과를 신청인에게 통지해야 한다. 〈개정 2019. 6. 4.〉

[제목개정 2019. 6. 4.]

제7조(장애 상태 확인)

① 시장·군수·구청장은 법 제32조제3항에 따라 장애인의 장애 상태를 확인하여 장애 상태에 맞는 장애 정도를 유지하도록 해야 한다. 다만, 장애 상태에 현저한 변화 가능성이 없다고 판단되는 장애인에 대해서는 그렇지 않다.　　　　　　　　　　〈개정 2019. 6. 4.〉

② 시장·군수·구청장은 제1항에 따라 장애인의 장애 상태를 확인하려는 경우에는 별지 제7호서식의 통보서를 해당 장애인에게 송부해야 한다.　　　　　　〈개정 2019. 6. 4.〉

③ 장애 상태를 확인하기 위한 장애 진단 및 장애 정도의 조정에 관하여는 제6조제2항부터 제5항까지의 규정을 준용한다.　　　　　　　　　〈개정 2010. 3. 12., 2019. 6. 4.〉

[제목개정 2019. 6. 4.]

제7조의2(장애인 등록 취소)

① 법 제32조의3제1항제1호에 따라 장애인이 사망한 경우에는 사망한 날의 다음 날, 같은 항 제2호부터 제4호까지의 규정에 따라 장애인 등록이 취소되는 경우에는 장애인 등록이 취소된 날의 다음 날에 법 제32조제1항에 따라 등록된 장애인의 자격이 상실되는 것으로 본다.

② 법 제32조의3제1항제3호에 따른 기간은 해당 장애인이 제7조제2항에 따른 통보서를 송부받은 날부터 90일로 한다.

③ 법 제32조의3제1항제4호에 따라 장애인이 장애인 등록 취소를 신청하려면 별지 제7호의2서식의 장애인 등록 취소 신청서에 등록증을 첨부하여 시장·군수·구청장에게 제출하여야 한다.

④ 제3항에 따라 장애인 등록 취소를 신청하려는 사람이 지적장애인, 자폐성장애인, 정신장애

인 및 미성년자인 경우에는 법정대리인등의 동의가 있어야 한다. 이 경우 시장·군수·구청장은 「전자정부법」 제36조제1항에 따른 행정정보의 공동이용을 통하여 법정대리인등임을 증명하는 서류를 확인하여야 하며, 신청인이 확인에 동의하지 아니하는 경우에는 이를 첨부하도록 하여야 한다.

⑤ 시장·군수·구청장은 제3항에 따른 장애인 등록 취소 신청을 받은 경우에는 그 신청일부터 7일 이내에, 제4항에 따른 장애인 등록 취소 신청을 받은 경우에는 그 신청일부터 14일 이내에 해당 신청인의 장애인 등록을 취소하여야 한다.

⑥ 시장·군수·구청장은 부득이한 사유로 제5항에 따른 기간 내에 해당 신청을 처리하기 어렵다고 인정되는 경우에는 7일 이내의 범위에서 한 번만 그 처리기간을 연장할 수 있다. 이 경우 시장·군수·구청장은 처리기간의 연장 사유와 처리 예정 기한을 지체 없이 신청인에게 통지하여야 한다.

[본조신설 2017. 8. 9.]

제8조(등록증 반환통보)

시장·군수·구청장은 법 제32조의3제2항에 따라 등록증의 반환을 명하는 경우에는 별지 제8호서식의 등록증 반환통보서를 반환기한 2주전까지 해당 처분의 상대방에게 송달하여야 한다.

〈개정 2009. 12. 31., 2017. 8. 9.〉

[제목개정 2009. 12. 31.]

제9조(장애인 증명서 발급)

① 시장·군수·구청장은 신청에 따라 장애인 증명서를 발급할 수 있다.

② 제1항에 따른 장애인 증명서는 별지 제9호서식에 따른다.

제10조(등록현황의 기록 및 관리)

① 시장·군수·구청장은 장애인등록현황을 별지 제10호서식에 따라 기록·관리하여야 한다.

② 시장·군수·구청장은 장애인이 주소를 이전한 경우에는 장애인등록 관계서류를 신주소지를 관할하는 시장·군수·구청장에게 이송하여야 한다.

제11조(장애판정위원회의 심의사항)

법 제32조제4항에 따른 장애판정위원회(이하 "위원회"라 한다)는 다음 각 호의 사항을 심의한다.

〈개정 2008. 3. 3., 2010. 3. 19., 2019. 6. 4.〉

1. 장애 인정 · 장애 정도 사정(査定)기준과 장애 진단 방법에 관한 사항

2. 그 밖에 장애 인정 · 장애 정도 사정과 관련하여 보건복지부장관이 회의에 부치는 사항

제12조(위원회의 구성)

① 위원회의 위원은 위원장 1명을 포함한 10명 이상 20명 이하의 위원으로 구성한다.

② 위원장은 위원 중에서 호선한다.

③ 위원은 다음 각 호의 어느 하나에 해당하는 자 중에서 보건복지부장관이 임명하거나 위촉한다.   〈개정 2008. 3. 3., 2010. 3. 19.〉

1. 장애인에 대한 진단 · 재활 · 치료 · 교육 및 훈련 등에 관한 학식과 경험이 풍부한 자

2. 장애인복지업무에 종사하는 공무원

제13조(위촉위원 임기)

위촉위원의 임기는 3년으로 하되, 연임할 수 있다.

제13조의2(위원의 해임 및 해촉)

보건복지부장관은 위원회의 위원이 다음 각 호의 어느 하나에 해당하는 경우에는 해당 위원을 해임하거나 해촉(解囑)할 수 있다.

1. 심신장애로 인하여 직무를 수행할 수 없게 된 경우

2. 직무와 관련된 비위사실이 있는 경우

3. 직무태만, 품위손상이나 그 밖의 사유로 인하여 위원으로 적합하지 아니하다고 인정되는 경우

4. 위원 스스로 직무를 수행하는 것이 곤란하다고 의사를 밝히는 경우

[본조신설 2016. 6. 30.]

제14조(위원장 직무)

위원장은 위원회를 대표하며, 위원회의 업무를 총괄한다.

제15조(회의)

① 위원회의 회의는 보건복지부장관 또는 재적위원 3분의 1 이상의 회의소집 요청이 있거나 위원장이 필요하다고 인정할 때에 소집한다.   〈개정 2008. 3. 3., 2010. 3. 19.〉

② 위원회의 회의는 재적위원 과반수의 출석으로 열고, 출석위원 과반수의 찬성으로 의결한다.

제16조(간사)

위원회의 사무를 처리하기 위하여 위원회에 간사 1명을 두되, 보건복지부 장애인

정책과장으로 한다. 〈개정 2008. 3. 3., 2010. 3. 19.〉

제17조(수당 및 여비)

위원회의 회의에 출석한 위원에게는 예산의 범위에서 수당과 여비를 지급할 수 있다. 다만, 공무원인 위원이 그 소관업무에 직접 관련되어 출석하는 경우에는 그러하지 아니하다.

제18조(운영세칙)

이 규칙에서 정한 것 외에 위원회의 운영에 필요한 사항은 위원회의 의결을 거쳐 위원장이 정한다.

제19조(서비스 지원 종합조사)

① 보건복지부장관, 시장·군수·구청장 또는 국민연금공단은 법 제32조의4제2항 각 호의 사항을 보건복지부장관이 정하여 고시하는 서비스 지원 종합조사표에 따라 조사해야 한다.

② 보건복지부장관, 시장·군수·구청장 또는 국민연금공단은 법 제32조의4제2항제5호에 따른 신청인과 그 부양의무자의 소득 및 재산 등 생활수준에 관한 사항을 조사하기 위하여 다음 각 호의 사항을 확인할 수 있다.

　1. 신청인, 그 배우자 및 부양의무자의 「국민건강보험법」 제69조에 따른 월별 보험료액에 관한 사항

　2. 신청인이 「장애인 활동지원에 관한 법률」 제33조제3항 각 호 또는 같은 조 제4항에 해당하는지 여부

③ 보건복지부장관, 시장·군수·구청장 또는 국민연금공단의 장은 신청인의 건강상태 및 장애 정도를 확인하기 위하여 신청인, 그 부양의무자 또는 그 밖의 관계인에게 별지 제3호서식의 장애 정도 심사용 진단서 및 보건복지부장관이 정하는 자료의 제출을 요구할 수 있다.

④ 법 제32조의4제5항에서 "보건복지부령으로 정하는 사항"이란 다음 각 호의 사항을 말한다.

　1. 조사기간

　2. 조사범위

　3. 조사담당자

　4. 관계 법령

　5. 제출자료

6. 그 밖에 해당 서비스 지원 종합조사와 관련하여 필요한 사항

[본조신설 2019. 6. 4.]

[종전 제19조는 제21조로 이동 〈2019. 6. 4.〉]

제20조(복지서비스에 관한 장애인 지원 사업)

법 제32조의6제2항에 따라 같은 법 제1항에 따른 장애인 지원 사업을 위탁받은 기관은 그 사업에 필요한 다음 각 호의 업무를 수행한다.

1. 장애인 지원 사업 지침 개발 및 교육

2. 장애인 지원 사업 홍보

3. 장애인 지원 사업을 위한 민관협력 촉진 및 지원

4. 신규 장애인 지원 서비스 연구 및 개발

5. 장애인 지원 사업 모니터링 및 컨설팅

6. 그 밖에 장애인 지원 사업에 필요하다고 보건복지부장관이 인정하는 업무

[본조신설 2019. 6. 4.]

제20조의2(장애 정도가 변동·상실된 장애인 등에 대한 정보 제공)

① 법 제32조의8제1항에 따른 대상자별 정보 제공의 내용은 별표 1의3과 같다.

〈개정 2017. 8. 9., 2019. 6. 4.〉

② 제1항에 따른 정보의 제공은 우편, 전화 등의 방법으로 할 수 있다.

③ 제1항에 따른 정보의 제공에 필요한 세부적인 내용, 기준과 방법 등에 관한 사항은 보건복지부장관이 정한다.

[본조신설 2016. 6. 30.]

[제목개정 2019. 6. 4.]

[제18조의2에서 이동 〈2019. 6. 4.〉]

제21조(장애인복지시설의 이용 등)

시장·군수·구청장은 법 제34조제1항제3호에 따라 장애인을 장애인복지시설에 위탁하여 주거편의·상담·치료 및 훈련 등의 서비스를 받도록 하려는 경우에는 별지 제11호서식의 의뢰서를 그 시설의 장에게 송부하여야 한다. 〈개정 2012. 4. 10.〉

[제19조에서 이동 〈2019. 6. 4.〉]

제21조의2(사망한 입소자의 장례비용 충당 절차)

① 장애인 거주시설의 장이 법 제34조제3항 후단에 따라 사망자가 유류한 금전이나 유가증권 또는 유류물품을 처분한 대금(이하 이 조에서 "유류금"이라 한다)을 그 장례에 필요한 비용에 충당하려면 장례비용 및 장례절차 등에 관한 사항을 미리 보건복지부장관, 특별시장·광역시장·특별자치시장·도지사·특별자치도지사 또는 시장·군수·구청장(이하 이 조에서 "장애인복지실시기관"이라 한다)과 협의해야 한다. 이 경우 장례절차에 대하여 사망자의 유언이 있는 때에는 그에 따른다.

② 장애인 거주시설의 장이 제1항에 따라 유류금을 그 장례에 필요한 비용에 충당한 경우에는 그 결과를 장애인복지실시기관에게 통지해야 한다.

③ 제1항 및 제2항에서 규정한 사항 외에 장례비용 충당의 세부절차에 관하여 필요한 사항은 보건복지부장관이 정하여 고시한다.

[본조신설 2021. 6. 30.]

제22조(산후조리도우미 지원사업에 대한 모니터링)

국가 및 지방자치단체는 법 제37조제2항에 따라 산후조리도우미 지원사업의 현황, 지원대상자의 만족도 등에 관한 사항을 매년 점검하여야 한다.

제23조(자녀교육비 지급대상 및 기준)

① 법 제38조에 따른 자녀교육비의 지급대상은 다음 각 호의 어느 하나에 해당하는 자 중 소득과 재산을 고려하여 매년 예산의 범위에서 보건복지부장관이 정한다. 다만, 「국민기초생활보장법」 등 다른 법령에 따라 교육비를 받는 자에게는 그 받은 금액만큼 감액하여 지급한다. 〈개정 2008. 3. 3., 2010. 3. 19.〉

1. 학교에 입학하거나 재학하는 자녀를 둔 장애인

2. 학교에 입학하거나 재학하는 장애인을 부양하는 자

② 제1항에 따른 교육비는 다음 각 호의 어느 하나에 해당하는 「초·중등교육법」에 따른 학교에 입학 또는 재학하는 자의 입학금·수업료와 그 밖에 교육에 드는 비용으로 한다. 〈개정 2012. 7. 27.〉

1. 초등학교·공민학교

2. 중학교·고등공민학교

3. 고등학교·고등기술학교

4. 특수학교

5. 각종학교

③ 제1항에 따른 자녀교육비의 지급대상별 지급액 등 지급의 세부기준은 매년 예산의 범위에서 보건복지부장관이 정한다.　　　　　　　　　　　　　　　　〈개정 2008. 3. 3., 2010. 3. 19.〉

제24조(자녀교육비 지급대상자 선정)

① 제23조에 따라 자녀교육비를 지급받으려는 자는 학비지급신청서에 소득·재산신고서, 금융정보등의 제공 동의서와 재학증명서나 입학을 증명할 수 있는 서류를 첨부하여 시장·군수·구청장에게 제출하여야 한다.　　　　　　　　　　〈개정 2009. 12. 31., 2012. 7. 27.〉

② 제1항에 따라 자녀교육비 지급신청을 받은 시장·군수·구청장은 제23조제1항에 따른 자녀교육비 지급대상자의 해당여부를 결정하여 신청인에게 통보하여야 한다.

③ 시장·군수·구청장은 제2항에 따른 자녀교육비의 지급대상자 결정을 위하여 관계공무원으로 하여금 신청한 장애인가구의 소득과 재산을 확인하게 할 수 있다.　　〈개정 2009. 12. 31.〉

제25조(자녀교육비 지급방법 및 시기)

자녀교육비는 다음 각 호의 구분에 따라 제24조제2항에 따른 자녀교육비 지급대상자에게 전분기(前分期) 말까지 지급한다.　　　　　　　　　　　　　　　　　　　〈개정 2012. 7. 27.〉

　　1. 제1분기 : 3월 1일부터 5월 31일까지

　　2. 제2분기 : 6월 1일부터 8월 31일까지

　　3. 제3분기 : 9월 1일부터 11월 30일까지

　　4. 제4분기 : 12월 1일부터 그 다음 해의 2월 말일까지

제26조(장애인 사용 자동차 등 표지의 발급대상)

법 제39조에 따라 장애인이 사용하는 자동차 등임을 알아 볼 수 있는 표지(이하 "장애인사용자동차등표지"라 한다)의 발급 대상은 「자동차관리법」에 따른 자동차로서 다음 각 호의 어느 하나에 해당하는 것으로 한다.

　　〈개정 2009. 12. 31., 2011. 2. 1., 2011. 4. 7., 2011. 5. 20., 2011. 12. 8., 2012. 7. 27., 2020. 10. 30.〉

　　1. 법 제58조에 따른 장애인복지시설(이하 "장애인복지시설"이라 한다)이나 법 제63조에 따른 장애인복지단체(이하 "장애인복지단체"라 한다)의 명의로 등록하여 장애인복지사업에 사용되는 자동차 또는 지방자치단체의 명의로 등록하여 장애인복지시설이나 장애인복지단체가 장애인복지사업에 사용하는 자동차

　　2. 다음 각 목의 어느 하나에 해당하는 자의 명의로 등록하여 장애인이 사용하는 자동차

가. 법 제32조에 따라 등록한 장애인

나. 가목에 따른 장애인과 주민등록표상의 주소를 같이 하면서 함께 거주하는 장애인의 배우자, 직계존·비속, 직계비속의 배우자, 형제·자매, 형제·자매의 배우자 및 자녀

다. 「재외동포의 출입국과 법적 지위에 관한 법률」에 따라 국내거소신고를 한 재외동포나 「출입국관리법」에 따라 외국인등록을 한 외국인으로서 보건복지부장관이 정하여 고시하는 보행상 장애가 있는 사람

3. 제2호가목에 해당하는 장애인이 1년 이상의 기간을 정하여 시설대여를 받거나 임차하여 사용하는 자동차

4. 「노인복지법」 제34조에 따른 노인의료복지시설의 명의로 등록하여 노인복지사업에 사용되는 자동차

5. 「장애인 등에 대한 특수교육법」 제28조제5항에 따라 장애인의 통학을 위하여 사용되는 자동차

6. 「영유아보육법」 제26조에 따라 장애아를 전담하는 어린이집의 명의로 등록하여 장애아 보육사업에 사용되는 자동차

7. 「교통약자의 이동편의 증진법」 제16조에 따른 특별교통수단으로서 장애인의 이동편의를 위해 사용되는 자동차

[제목개정 2012. 7. 27.]

제27조(장애인사용자동차등표지의 발급 등)

① 제26조 각 호의 어느 하나에 해당하여 장애인사용자동차등표지를 발급받으려는 자는 별지 제1호의4서식의 신청서에 다음 각 호의 서류를 첨부하여 주소지(재외동포와 외국인의 경우에는 각각 국내거소지나 체류지를 말한다) 관할 읍·면·동장을 거쳐 시장·군수·구청장에게 제출하여야 한다. 이 경우 시장·군수·구청장은 「전자정부법」 제36조제1항에 따른 행정정보의 공동이용을 통하여 국내거소신고 또는 외국인등록 사실증명(신청인이 재외동포나 외국인인 경우에만 해당한다)과 자동차등록증을 확인하여야 하며, 신청인이 동의하지 아니하는 경우에는 각 해당서류의 사본을 첨부하도록 하여야 한다.

〈개정 2009. 12. 31., 2010. 9. 1., 2012. 7. 27., 2016. 6. 30., 2021. 6. 4.〉

1. 제28조제1항 각 호의 어느 하나에 해당하는 장애가 있음을 증명하는 의사의 진단서 1부(재외동포나 외국인의 경우에만 해당한다)

2. 시설대여계약서 또는 임차계약서 사본 1부(자동차를 시설대여 받거나 임차한 경우에만 해당한다)

② 제1항에 따른 장애인사용자동차등표지의 발급신청을 받은 시장·군수·구청장은 해당 사실의 여부를 확인한 후 보건복지부장관이 정하는 장애인사용자동차등표지를 발급하여야 한다. 〈개정 2008. 3. 3., 2010. 3. 19., 2012. 7. 27.〉

③ 사용 중인 장애인사용자동차등표지를 잃어버리거나 그 표지가 훼손되어 못 쓰게 된 경우 또는 장애인사용자동차등표지의 기재사항을 변경하려는 경우에는 별지 제1호의4서식의 신청서에 다음 각 호의 서류를 첨부하여 관할 읍·면·동장을 거쳐 시장·군수·구청장에게 재발급을 신청하여야 한다. 〈개정 2009. 12. 31., 2012. 7. 27., 2016. 6. 30., 2021. 6. 4.〉

1. 장애인사용자동차등표지(잃어버린 경우는 제외한다)

2. 변경 사실을 증명할 수 있는 서류 1부(기재사항 변경의 경우에만 해당한다)

④ 장애인사용자동차의 소유자는 그 자동차를 다른 사람에게 양도·증여하거나 폐차 또는 등록말소를 하려는 경우에는 즉시 그 자동차에 사용 중인 장애인사용자동차등표지를 관할 읍·면·동장을 거쳐 시장·군수·구청장에게 반납하여야 한다. 〈개정 2012. 7. 27.〉

⑤ 시장·군수·구청장은 장애인사용자동차등표지 발급현황을 별지 제14호서식에 따라 기록·관리하여야 한다. 〈개정 2012. 7. 27.〉

[제목개정 2012. 7. 27.]

제28조(보행상 장애가 있는 자에 대한 배려)

① 시장·군수·구청장은 법 제39조제1항에 따른 장애인의 자동차 사용의 편의를 위하여 보건복지부장관이 정하여 고시하는 보행상 장애가 있는 사람(법 제32조의4제1항에 따른 서비스 지원 종합조사를 받은 결과 보건복지부장관이 정하는 기준을 충족하는 사람을 포함한다)이 자동차를 이용할 때에 그 장애로 말미암아 부득이하게 관계 법령에 따른 정차 또는 주차의 방법 등을 위반한 경우에는 그 원인과 결과 등을 고려하여 교통소통 및 안전에 지장을 주지 않는 범위에서 최대한 계도 위주의 단속이 이루어지도록 배려해야 한다.

〈개정 2019. 6. 4., 2020. 10. 30.〉

1. 삭제 〈2019. 6. 4.〉

2. 삭제 〈2019. 6. 4.〉

3. 삭제 〈2019. 6. 4.〉

4. 삭제 〈2019. 6. 4.〉

② 제1항에 따른 계도 위주의 단속이 원활하게 이루어지도록 하기 위하여 시장·군수·구청장은 장애인사용자동차등표지를 발급할 때에 보행상 장애가 있음을 장애인사용자동차등표지에 따로 표시해야 한다. 〈개정 2012. 7. 27., 2019. 6. 4.〉

제29조(장애인 보조견표지 발급대상)

법 제40조에 따른 장애인 보조견표지(이하 "보조견표지"라 한다)의 발급대상은 보건복지부장관이 정하여 고시하는 시설기준에 해당하는 장애인 보조견 전문훈련기관(이하 "전문훈련기관"이라 한다)에서 훈련 중이거나 훈련을 이수한 장애인 보조견으로 한다. 〈개정 2008. 3. 3., 2010. 3. 19.〉

제30조(보조견표지 발급 등)

① 제29조에 따른 전문훈련기관의 장은 해당 훈련기관에서 훈련 중이거나 훈련을 이수한 장애인 보조견에 대하여 보조견표지의 발급을 신청할 수 있다.

② 전문훈련기관의 장이 제1항에 따라 보조견표지의 발급을 신청하려면 별지 제15호서식의 신청서에 다음 각 호의 서류를 첨부하여 보건복지부장관에게 제출하여야 한다.

〈개정 2008. 3. 3., 2010. 3. 19.〉

1. 장애인 보조견의 전신사진 1장

2. 장애인 보조견이 훈련 중이거나 훈련을 이수하였음을 증명하는 서류 1부

③ 보건복지부장관은 제1항에 따라 보조견표지의 발급을 신청받으면 신청내용의 사실 여부를 확인한 후 별표 2에 따른 보조견표지를 발급하여야 한다. 〈개정 2008. 3. 3., 2010. 3. 19.〉

④ 전문훈련기관의 장은 사용 중인 보조견표지를 잃어버리거나 그 표지가 훼손되어 못 쓰게 된 경우에는 별지 제15호서식의 신청서에 다음 각 호의 서류를 첨부하여 보건복지부장관에게 재발급을 신청하여야 한다. 〈개정 2008. 3. 3., 2010. 3. 19.〉

1. 재발급 사유를 증명하는 서류 1부

2. 보조견표지(훼손되어 못 쓰게 된 경우에만 해당한다)

⑤ 전문훈련기관의 장은 장애인 보조견이 사망하거나 장애인 보조견으로서 활동을 계속할 수 없다고 판단되는 경우에는 그 장애인 보조견에 사용 중인 보조견표지를 보건복지부장관에게 반납하여야 한다. 〈개정 2008. 3. 3., 2010. 3. 19.〉

⑥ 보건복지부장관은 보조견표지 발급현황을 별지 제16호서식에 따라 기록·관리하여야 한다.

〈개정 2008. 3. 3., 2010. 3. 19.〉

제31조(자금대여 신청)

영 제25조제1항에 따라 자금을 대여받으려는 자는 자금대여신청서에 다음 각 호의 구분에 따른 서류를 첨부하여 관할 읍·면·동장을 거쳐 시장·군수·구청장에게 제출하여야 한다.

〈개정 2012. 4. 10.〉

1. 생업자금 : 사업의 종류, 사업장의 소재지 및 사업의 내용 등을 적은 사업계획서

2. 생업을 위한 자동차 구입비 : 차량매매계약서

3. 취업에 필요한 지도 및 기술훈련비 : 지도 및 기술훈련 시설의 장이 발급하는 훈련증명서

4. 기능회복 훈련에 필요한 장애인보조기구 구입비 : 용도를 명시한 매매계약서

5. 사무보조기기 구입비 : 사용처ㆍ용도 등을 명시한 매매계약서

제32조(자금대여 관리카드)

① 시장ㆍ군수ㆍ구청장은 영 제25조제2항에 따라 자금대여 대상자를 결정하면 자금대여 결정 통지서(전자문서를 포함한다)로 통지하고 자금대여 내용을 자금대여 관리카드에 기록ㆍ관 리하여야 한다. 〈개정 2009. 12. 31., 2012. 4. 10.〉

② 영 제25조제2항에 따른 금융기관 또는 체신관서는 시장ㆍ군수ㆍ구청장의 자금대여 결정통 지를 받으면 자금을 대여하고 그 대여내용 및 상환방법 등을 관할 시장ㆍ군수ㆍ구청장에게 통보하여야 한다. 〈개정 2012. 4. 10.〉

제33조(자립훈련비 지급 등)

① 법 제43조제1항에 따른 자립훈련비의 지급대상자는 장애인복지시설에서 자립을 목적으로 훈련을 받는 장애인으로 한다.

② 자립훈련비의 지급대상과 종류별 지급금액 등에 관한 세부기준은 매년 예산의 범위에서 보 건복지부장관이 정한다. 〈개정 2008. 3. 3., 2010. 3. 19.〉

제34조 삭제 〈2018. 6. 20.〉

제35조 삭제 〈2018. 6. 20.〉

제36조 삭제 〈2018. 6. 20.〉

제37조 삭제 〈2018. 6. 20.〉

제37조의2(장애인 응시자에 대한 편의제공)

① 법 제46조의2에 따른 편의제공의 내용 및 방법은 다음 각 호와 같다. 다만, 시험의 특성, 장애 인 응시자의 장애의 종류 및 장애 정도에 따라 편의제공의 내용 및 방법을 달리할 수 있다. 〈개정 2019. 6. 4.〉

    1. 장애인 보조기구 지참 허용

    2. 시험시간 연장

    3. 확대 문제지 및 확대 답안지 제공

    4. 시험실 별도 배정

    5. 그 밖에 보건복지부장관이 정하여 고시하는 사항

② 영 제28조 각 호에 따른 시험을 실시하려는 국가, 지방자치단체 및 기관·단체의 장은 편의 제공의 기준을 마련하여 시험 공고와 함께 게시하여야 한다.

③ 제1항 및 제2항에서 규정한 사항 외에 장애인 응시자에 대한 편의제공에 필요한 사항은 보건복지부장관이 정하여 고시한다.

[본조신설 2016. 6. 30.]

제38조(장애수당 등의 지급신청)

① 법 제50조의2제1항에 따라 장애수당·장애아동수당 및 보호수당(이하 "장애수당등"이라 한다)을 지급받으려는 사람은 장애수당등 지급신청서에 소득·재산신고서 및 금융정보등의 제공 동의서를 첨부하여 읍·면·동장을 거쳐 시장·군수·구청장에게 제출해야 한다.

〈개정 2009. 12. 31., 2012. 4. 10., 2012. 7. 27., 2022. 9. 6.〉

② 제1항에 따라 장애수당등 지급신청서를 제출받은 읍·면·동장이 장애수당등의 지급을 신청한 사람의 주소지 관할이 아닌 경우에는 그 신청서와 관련 서류를 관할 읍·면·동장에게 지체 없이 이송해야 한다.

〈신설 2022. 9. 6.〉

③ 관할 시장·군수·구청장은 제1항에 따른 장애수당등의 지급신청을 받으면 영 제30조에 따른 지급대상인지를 조사·확인한 후 그 결과를 신청인에게 통지해야 한다.

〈개정 2012. 4. 10., 2012. 7. 27., 2022. 9. 6.〉

④ 제3항에 따라 조사를 하는 공무원은 그 권한을 표시하는 증표를 지니고 관계인에게 내보여야 한다.

〈신설 2012. 7. 27., 2022. 9. 6.〉

⑤ 영 제32조제2항 후단에 따라 지급대상자의 배우자 등의 계좌로 장애수당등을 받으려는 사람은 별지 제17호서식의 장애수당등 대리수령 신청서(전자문서로 된 신청서를 포함한다)에 다음 각 호의 서류(전자문서를 포함한다)를 첨부하여 관할 시장·군수·구청장에게 제출해야 한다.

〈신설 2009. 12. 31., 2012. 4. 10., 2012. 7. 27., 2021. 6. 4., 2022. 9. 6.〉

    1. 지급대상자의 인적 사항을 확인할 수 있는 서류

    2. 영 제32조제2항 각 호의 사유 중 어느 하나에 해당함을 증명할 수 있는 서류 1부

    3. 대리수령인이 지급대상자의 배우자, 직계혈족 또는 3촌 이내의 방계혈족임을 확인할 수

있는 서류

제39조(장애수당등의 수급희망 이력관리)

① 법 제50조의2제1항에 따라 장애수당등의 지급을 신청한 사람은 장애수당등 수급권을 가지지 못한 경우에 시장·군수·구청장에게 영 제30조에 따른 장애수당등 수급권자의 범위에 포함될 가능성을 확인받을 수 있다.

② 제1항에 따라 장애수당등 지급대상자의 범위에 포함될 가능성을 확인받으려는 사람(영 제32조제2항 후단에 따른 지급대상자의 배우자 등을 포함한다. 이하 같다)은 별지 제1호의4서식의 신청서를 작성하여 시장·군수·구청장에게 제출해야 한다. 〈개정 2021. 6. 4.〉

③ 시장·군수·구청장은 제2항에 따라 신청서를 제출한 사람이 영 제30조에 따른 장애수당등 지급대상자의 범위에 포함될 가능성을 다음 각 호의 어느 하나에 해당하는 때에 확인한다.

1. 보건복지부장관이 영 제33조제1항에 따라 장애수당등의 지급대상과 지급기준을 정했을 때

2. 「사회보장기본법」 제37조에 따른 사회보장정보시스템으로 제38조의2제3항 각 호의 사항이 변경되었음을 확인했을 때

④ 시장·군수·구청장은 제3항에 따른 확인 결과 영 제30조에 따른 장애수당등 지급대상자의 범위에 포함될 가능성을 확인한 경우에는 그 사람에게 제38조에 따른 장애수당등 지급의 신청 방법 및 절차를 안내해야 한다.

⑤ 제2항에 따라 제출한 신청서의 유효기간은 신청서를 제출한 날부터 5년으로 한다. 다만, 신청서를 제출한 이후 영 제30조에 따른 장애수당등의 수급권이 발생한 경우에는 그 수급권이 발생한 날에 신청서의 유효기간이 만료된 것으로 본다.

[본조신설 2019. 6. 4.]

제39조의2(장애인자립생활지원센터의 운영기준)

① 법 제54조제2항에 따른 장애인자립생활지원센터(이하 "자립생활센터"라 한다)의 의사결정, 서비스제공 및 운영 등은 장애인 주도로 이루어져야 하며, 그 운영기준은 다음 각 호와 같다. 〈개정 2019. 6. 4.〉

1. 자립생활센터는 의사결정기구의 과반수를 장애인으로 구성하여야 한다.

2. 자립생활센터는 장애동료 상담전문가 1명 이상의 인력을 갖추어야 하며, 전체 인력 중 1명 이상은 장애인이어야 한다.

3. 자립생활센터는 법 제54조제1항의 목적을 실현하기 위하여 다음 업무를 주로 수행하여야

한다.

　　가. 장애인의 자립생활 역량 강화 및 동료상담 등 장애인 동료에 의한 서비스 지원

　　나. 모든 유형의 장애인이 지역사회에서 참여적이고 통합적인 생활이 가능하도록 정보제공 및 의뢰 등 다양한 서비스의 제공과 이를 실현할 수 있는 지역사회의 물리적·사회적 환경개선 사업

　　다. 장애인이 지역사회에 참여하고 생활하는 데 있어서의 차별 해소 및 장애인 인권의 옹호·증진

　　라. 장애인에게 적합한 서비스의 제공

② 지방자치단체는 보조금을 지원하는 자립생활센터를 정기적으로 평가하여야 하고, 평가 시 제1항의 운영기준에 대한 성과를 중시해야 한다.

③ 자립생활센터는 조직 운영, 사업 수행, 재정 확보, 운용 등에 대해 객관적으로 평가받을 수 있도록 관련 기록 및 자료를 관리하여야 한다.

④ 그 밖에 자립생활센터의 운영에 관하여 필요한 사항은 보건복지부장관이 정한다.

[본조신설 2011. 4. 7.]

[제목개정 2019. 6. 4.]

제40조 삭제 〈2011. 8. 17.〉

제40조의2(장애동료 간 상담의 제공기관 및 내용)

① 법 제56조에 따른 장애동료 간 상담은 장애인에 의해 장애인에게 제공되는 상담이나 정보제공 활동으로 다음 각 호의 내용을 포함한다.

　　1. 장애인의 심리적인 고충

　　2. 가족 및 사회적인 관계에서 발생하는 문제

　　3. 지역사회 자원의 활용방법

　　4. 기타 장애인이 처한 곤란한 문제 등의 대처방법

② 국가와 지방자치단체는 자립생활센터로 하여금 장애동료 간 상담사업을 실시하도록 하여야 한다.

③ 국가와 지방자치단체는 제39조의2제1항제2호의 장애동료 상담전문가를 양성하기 위하여 일정 요건을 갖춘 기관을 지정하여 운영할 수 있다.

④ 그 밖에 장애동료 간 상담 및 장애동료 상담전문가 양성기관의 지정에 관하여 필요한 사항은 보건복지부장관이 정한다.

[본조신설 2011. 4. 7.]

제41조(장애인복지시설의 종류와 사업)

① 법 제58조제1항제3호에서 "보건복지부령으로 정하는 시설"이란 장애인 직업재활시설에서 장애인에게 직업훈련 및 근로기회의 제공을 목적으로 운영하는 제조·가공 시설, 공장, 영업장 및 판매시설을 말한다. 〈신설 2021. 6. 30.〉

② 법 제58조제2항에 따른 장애인복지시설의 구체적인 종류는 별표 4와 같이 구분하고, 장애인복지시설의 종류별 사업은 별표 5에서 정하는 바에 따른다. 〈개정 2021. 6. 30.〉

제42조(시설의 설치·운영기준)

법 제59조에 따른 장애인복지시설의 설치·운영기준은 별표 5와 같다.

제43조(시설의 설치·운영신고 등)

① 법 제59조제2항 본문에 따라 국가 또는 지방자치단체 외의 자가 장애인복지시설을 설치·운영하려는 경우에는 별지 제20호서식의 신고서(전자문서로 된 신고서를 포함한다)에 다음 각 호의 서류(전자문서를 포함한다)를 첨부하여 관할 시장·군수·구청장에게 제출하여야 한다.

1. 정관 1부(법인인 경우에만 해당한다)

2. 시설운영에 필요한 재산목록 1부

3. 사업계획서 및 예산서 각 1부

4. 시설의 운영에 관한 규정 각 1부

5. 시설의 평면도(시설의 층별 및 구조별 면적을 표시하여야 한다)와 설비구조 내역서 각 1부

② 제1항에 따라 신고서를 받은 시장·군수·구청장은 「소방시설 설치·유지 및 안전관리에 관한 법률 시행령」 별표 5에 따라 장애인복지시설이 갖추어야 하는 소방시설에 대하여 「소방시설 설치·유지 및 안전관리에 관한 법률」 제7조제6항 전단에 따라 그 장애인복지시설의 소재지를 관할하는 소방본부장이나 소방서장에게 그 장애인복지시설이 같은 법 또는 같은 법에 따른 명령을 따르고 있는지에 대한 확인을 요청하여야 하고, 「전자정부법」 제36조제1항에 따른 행정정보의 공동이용을 통하여 다음 각 호의 서류를 확인하여야 한다. 〈개정 2010. 9. 1., 2012. 4. 10., 2015. 8. 3., 2017. 3. 28.〉

1. 법인 등기사항증명서(법인인 경우만 해당한다)

2. 삭제 〈2017. 3. 28.〉

3. 건물등기부 등본

4. 토지등기부 등본

③ 법 제59조제2항 본문에 따라 장애인복지시설의 설치·운영을 신고한 자가 신고한 사항을 변경하려면 다음 각 호에서 정하는 바에 따라 해당하는 서류를 관할 시장·군수·구청장에게 제출하여야 한다. 〈개정 2012. 4. 10., 2015. 8. 3.〉

1. 시설의 명칭이나 시설의 장을 변경하는 경우 : 별지 제21호서식의 신고서에 장애인복지시설 신고증을 첨부할 것

2. 시설의 종류를 변경하는 경우 : 별지 제21호서식의 신고서에 제1항 각 호의 서류와 장애인복지시설 신고증을 첨부할 것

3. 시설의 소재지나 이용정원을 변경하는 경우 : 별지 제22호서식의 신고서에 다음 각 목의 서류를 첨부할 것

가. 시설의 소재지나 이용정원의 변경 사유서

나. 시설거주자에 대한 조치계획서

다. 시설의 운영에 필요한 재산목록·사업계획서 및 예산서

라. 시설의 운영에 필요한 재산의 평가 조서(이용정원이 변경되는 경우에만 해당한다)

마. 시설의 평면도(시설의 층별 및 구조별 면적을 표시하여야 한다)와 설비구조 내역서(시설의 소재지가 변경되는 경우에만 해당한다)

바. 장애인복지시설 신고증

④ 제3항제2호에 따라 시설 종류의 변경신고서를 받거나 같은 항 제3호에 따라 시설 소재지의 변경신고서를 받은 시장·군수·구청장은 「소방시설 설치·유지 및 안전관리에 관한 법률 시행령」 별표 5에 따라 장애인복지시설이 갖추어야 하는 소방시설에 대하여 「소방시설 설치·유지 및 안전관리에 관한 법률」 제7조제6항 전단에 따라 그 장애인복지시설의 소재지를 관할하는 소방본부장이나 소방서장에게 그 장애인복지시설이 같은 법 또는 같은 법에 따른 명령을 따르고 있는지를 확인하여 줄 것을 요청하여야 하고, 「전자정부법」 제36조제1항에 따른 행정정보의 공동이용을 통하여 다음 각 호의 서류를 확인하여야 한다. 〈개정 2010. 9. 1., 2012. 4. 10., 2015. 8. 3.〉

1. 법인 등기사항증명서(법인인 경우만 해당한다)

2. 건물등기부 등본

3. 토지등기부 등본

⑤ 시장·군수·구청장은 제1항에 따른 신고를 받으면 별지 제23호서식의 장애인복지시설신고증을 발급하여야 하며, 제3항에 따른 변경신고를 받은 경우에는 장애인복지시설 신고증에

그 변경사항을 적어 발급하여야 한다.

⑥ 시장·군수·구청장은 별지 제24호서식의 장애인복지시설신고관리대장을 작성·관리하여야 한다.

제43조의2 삭제 〈2016. 6. 30.〉

제43조의3(장애인학대관련범죄 등 경력 조회 등)

① 영 제36조의2제1항에 따른 장애인학대관련범죄등 경력 조회 요청서는 별지 제24호의2서식에 따른다. 〈개정 2021. 6. 30.〉

② 영 제36조의2제1항에 따른 장애인학대관련범죄등 경력 조회 대상자의 동의서는 별지 제24호의3서식에 따른다. 〈개정 2021. 6. 30.〉

③ 영 제36조의2제1항에 따른 장애인학대관련범죄등 경력 조회에 대한 회신서는 별지 제24호의4서식에 따른다. 〈개정 2021. 6. 30.〉

④ 영 제36조의2제2항에 따른 장애인학대관련범죄등 경력 조회 요청서는 별지 제24호의5서식에 따른다. 〈신설 2021. 6. 30.〉

⑤ 영 제36조의2제2항에 따른 장애인학대관련범죄등 경력 조회 회신서는 별지 제24호의6서식에 따른다. 〈신설 2021. 6. 30.〉

[본조신설 2012. 7. 27.]

[제목개정 2021. 6. 30.]

제43조의4(중앙장애인권익옹호기관의 업무)

법 제59조의11제1항제7호에서 "보건복지부령으로 정하는 장애인학대 예방과 관련된 업무"란 다음 각 호의 업무를 말한다. 〈개정 2018. 6. 20.〉

1. 장애인학대 예방 관련 정책의 개발

2. 장애인학대 신고접수 및 관리를 위한 전산시스템의 구축 및 운영

3. 장애인학대 관련 통계의 생산 및 제공

4. 장애인권익옹호에 관한 국제 교류

[본조신설 2016. 12. 30.]

제43조의5(지역장애인권익옹호기관의 업무)

법 제59조의11제2항제6호에서 "보건복지부령으로 정하는 장애인학대 예방과 관련된 업무"란

다음 각 호의 업무를 말한다. 〈개정 2018. 6. 20., 2022. 9. 6.〉

1. 장애인학대로 인하여 피해를 입은 장애인의 보호 및 피해 회복
2. 관계 기관 · 법인 · 단체 · 시설 간 협력체계의 구축 및 교류
3. 장애인학대 사건 조사 현황 및 결과 등에 관한 정보제공 요청 등 중앙장애인권익옹호기관의 요청에 따른 업무

[본조신설 2016. 12. 30.]

제43조의6(장애인권익옹호기관의 세부 설치 · 운영기준)

① 영 제36조의8제3항에 따른 장애인권익옹호기관의 세부 설치기준은 별표 5의2와 같다.
② 영 제36조의8제3항에 따른 장애인권익옹호기관의 세부 운영기준은 별표 5의3과 같다.

[본조신설 2016. 12. 30.]

제43조의7(장애인 쉼터 등의 설치 · 운영 기준)

법 제59조의13에 따른 장애인 쉼터 및 피해장애아동 쉼터의 설치 · 운영기준은 별표 5의4와 같다. 〈개정 2018. 6. 20., 2022. 3. 15., 2022. 9. 6.〉

[본조신설 2017. 8. 9.]
[제목개정 2022. 9. 6.]

제44조(시설운영의 중단 · 재개 · 폐지 신고 등)

① 장애인복지시설을 설치 · 운영하는 자는 법 제60조제2항에 따라 시설 운영을 일시중단또는 재개하거나 시설을 폐지하려는 경우에는 별지 제25호서식의 신고서에 다음 각 호의 서류를 첨부하여 시설 운영을 중단 · 재개 또는 폐지하기 3개월 전까지 관할 시장 · 군수 · 구청장에게 제출하여야 한다. 〈개정 2012. 4. 10.〉

1. 시설 운영의 중단 · 재개 또는 폐지 사유서(법인인 경우에는 중단 · 재개 · 폐지를 결의한 이사회의 회의록 사본) 1부
2. 시설 이용자에 대한 조치계획서 1부(시설 운영 재개의 경우는 제외한다)
3. 시설 이용자가 납부한 시설 이용료 및 사용료의 반환조치계획서 1부(시설 운영 재개의 경우는 제외한다)
4. 보조금 · 후원금의 사용 결과 보고서와 이를 재원으로 조성한 잔여재산 반환조치계획서 1부(시설 운영 재개의 경우는 제외한다)
5. 시설 재산에 관한 사용 또는 처분계획서 1부(시설 운영 재개의 경우는 제외한다)

6. 운영 중단 사유의 해소조치 결과보고서 1부(시설 운영 재개의 경우에만 해당한다)

7. 향후 안정적 운영을 위한 운영계획서 1부(시설 운영 재개의 경우에만 해당한다)

8. 장애인복지시설 신고증 1부(시설 폐지의 경우에만 해당한다)

② 시장·군수·구청장은 제1항에 따른 시설 운영의 중단·재개 또는 폐지의 신고를 받은 경우에는 제1항제2호·제3호·제6호 및 제7호의 조치계획 등에 따라 시설 이용자에 대한 조치가 적절히 이루어지는지를 확인하는 등 시설 이용자의 권익을 보호하기 위한 조치를 하여야 하며, 해당 장애인복지시설을 설치·운영하는 자는 법 제60조제3항 각 호 및 같은 조 제4항 각 호의 사항을 성실히 이행하여 시설 이용자의 권익이 침해받지 아니하도록 하여야 한다.

〈개정 2012. 4. 10.〉

③ 시장·군수·구청장은 제1항에 따른 시설 운영의 재개 신고를 받은 경우에 「소방시설 설치·유지 및 안전관리에 관한 법률 시행령」 별표 5에 따라 장애인복지시설이 갖추어야 하는 소방시설에 대하여 「소방시설 설치·유지 및 안전관리에 관한 법률」 제7조제6항 전단에 따라 그 장애인복지시설의 소재지를 관할하는 소방본부장이나 소방서장에게 그 장애인복지시설이 같은 법 또는 같은 법에 따른 명령을 따르고 있는지를 확인하여 줄 것을 요청하여야 한다.

〈신설 2015. 8. 3.〉

제44조의2(장애인 거주시설 이용 절차 등)

① 법 제60조의2제1항에서 "보건복지부령으로 정하는 서류"란 장애인 거주시설 이용신청서, 소득·재산 신고서, 소득·재산 상태 및 부양관계를 확인할 수 있는 서류, 건강진단서 등 건강 상태를 확인할 수 있는 서류를 말한다.

② 법 제60조의2제2항에 따라 시장·군수·구청장은 법 제32조제1항에 따른 장애인 등록 여부, 장애 유형, 법 제32조의4에 따른 서비스 지원 종합조사의 결과, 장애인 및 그 배우자 또는 부양의무자인 1촌의 직계혈족의 소득·재산 및 생활환경 등을 고려하여 장애인 거주시설 이용 적격성을 심사하고, 그 시설 이용 여부를 결정해야 한다. 〈개정 2019. 6. 4.〉

③ 법 제60조의2제3항에 따라 시장·군수·구청장은 법 제60조의2제1항에 따른 신청을 받은 날부터 20일 내에 제2항에 따른 시설 이용 여부 결정을 장애인 거주시설 이용 적격성 및 본인부담금 결정 통보서에 따라 이용 신청자와 시설 운영자에게 통보하여야 한다. 다만, 심사에 상당한 시간이 소요되는 등 특별한 사유가 있는 경우에는 그 사유를 명시하여 신청을 받은 날부터 30일 내에 통보하여야 한다.

④ 시설 이용자가 법 제60조의2제1항부터 제3항까지의 절차를 거치지 아니하고 장애인거주시설을 이용하는 경우 시설 운영자는 법 제60조의2제4항에 따라 다음 각 호의 사항을 시장·군

수ㆍ구청장에게 보고하여야 한다. 이 경우 시설 운영자는 시설 이용자, 그 친족 또는 그 밖의 관계인에게 법 제60조의2제1항에 따른 신청절차를 안내하여야 한다.

1. 시설 이용자, 그 친족 또는 그 밖의 관계인의 인적사항

2. 시설이용 개시일

3. 법 제60조의2제1항에 따른 신청절차를 거치지 아니한 이유

⑤ 법 제60조의2제5항에 따라 시설 운영자는 장애인 거주시설 이용에 관한 계약을 체결한 경우 별지 제26호서식의 장애인거주시설 이용계약 체결 결과 보고서에 장애인 거주시설 이용계약서를 첨부하여 시장ㆍ군수ㆍ구청장에게 보고하여야 한다.

⑥ 법 제60조의2제5항에 따른 계약에는 다음 각 호의 사항이 포함되어야 한다. 〈개정 2017. 8. 9.〉

1. 법 제60조의4제1항부터 제4항까지의 규정에 따른 시설 운영자의 의무에 관한 사항

2. 시설 이용자가 본인 또는 다른 사람의 신체에 위해(危害)를 가하거나 가할 우려가 있는 경우 시설 운영자가 할 수 있는 제한조치의 내용, 절차, 한계 및 이의제기에 관한 사항

3. 시설 이용자의 권리와 의무에 관한 사항

4. 법 제60조의2제6항에 따른 계약절차의 대행자의 권리와 의무에 관한 사항

5. 시설 이용 중단절차에 관한 사항

6. 시설이용에 따른 비용과 본인부담금에 관한 사항

7. 계약기간

8. 계약 위반에 따른 조치사항

⑦ 시장ㆍ군수ㆍ구청장은 관할 지역의 환경 및 시설의 특성 등을 고려하여 제6항에 따른 계약에 관한 계약서 견본을 마련하고, 시설 운영자에게 그 이용을 권장할 수 있다.

⑧ 법 제60조의2제7항 전단에서 "보건복지부령으로 정하는 기간"이란 20일을 말한다.

[본조신설 2012. 4. 10.]

제44조의3(장애인 거주시설의 서비스 최저기준 등)

① 법 제60조의3제1항에 따른 장애인 거주시설의 서비스 최저기준(이하 "서비스 최저기준"이라 한다)에 다음 각 호의 사항이 포함되어야 한다.

1. 서비스 안내 및 상담

2. 개인의 욕구와 선택

3. 이용자의 참여와 권리

4. 능력개발

5. 일상생활

6. 개별지원

7. 환경

8. 직원관리

9. 시설운영

10. 그 밖에 서비스 최저기준으로서 필요한 사항

② 보건복지부장관은 법 제60조의3제1항에 따라 다음 해에 시행할 서비스 최저기준을 정하여 매년 1월 31일까지 고시하여야 한다.

[본조신설 2012. 4. 10.]

제44조의4(인권지킴이단의 구성 · 운영)

① 법 제60조의4제4항에 따른 시설 이용 장애인 인권지킴이단(이하 "인권지킴이단"이라 한다)은 단장 1명과 간사 1명을 포함하여 5명 이상 11명 이내의 단원으로 구성한다.

② 인권지킴이단은 관할 시장 · 군수 · 구청장이 추천하는 다음 각 호의 어느 하나에 해당하는 사람 중에서 시설 운영자가 성별을 고려하여 위촉한다.

  1. 해당 시설을 이용하는 장애인 및 법정대리인등

  2. 해당 시설에서 종사하는 사람(시설 운영자 및 해당 시설이 속한 법인의 임직원은 제외한다)

  3. 해당 시설의 지역에 거주하는 주민

  4. 해당 시설을 후원하는 기관의 대표자 또는 장애인복지 관련 공익단체에서 추천하는 사람

  5. 장애인복지 업무 담당 공무원

  6. 그 밖에 장애인 인권에 관한 학식과 경험이 풍부한 사람

③ 단장은 단원 중에서 호선하고, 간사는 단원 중에서 단장이 지명하는 자로 한다.

④ 단장은 매 분기 1회 이상 회의를 소집하고, 단원 · 시설 이용 장애인 · 법정대리인등 · 시설 종사자의 요청에 따라 회의를 소집할 수 있다.

⑤ 제1항부터 제4항까지에서 규정한 사항 외에 인권지킴이단의 구성 · 운영에 필요한 사항은 보건복지부장관이 정한다.

[본조신설 2017. 8. 9.]

[종전 제44조의4는 제44조의5로 이동 〈2017. 8. 9.〉]

제44조의5(상속인 없는 재산의 처리절차)

① 장애인 거주시설 운영자는 사망한 사람의 잔여재산이 법 제60조의5제1항 단서에 해당하는

경우에는 그 시설에 입소 중인 사람이 사망한 후 30일 이내에 관할 시장·군수·구청장에게 잔여재산 목록을 작성하여 보고해야 한다.

② 시장·군수·구청장은 법 제60조의5제2항에 따라 공고하는 경우에는 시·군·구의 인터넷 홈페이지 또는 「신문 등의 진흥에 관한 법률」 제9조제1항에 따라 그 보급지역을 전국으로 등록한 일반일간신문에 게재하는 방법으로 한다.

③ 제1항 및 제2항에서 규정한 사항 외에 상속인 없는 재산의 처리에 관하여 필요한 세부사항은 보건복지부장관이 정하여 고시한다.

[본조신설 2021. 6. 30.]

[종전 제44조의5는 제44조의6으로 이동 〈2021. 6. 30.〉]

제44조의6(현장조사서)

법 제61조제2항에서 "보건복지부령으로 정하는 사항이 기재된 서류"란 다음 각 호의 사항이 기재된 현장조사서를 말한다.

1. 조사기간
2. 조사범위
3. 조사담당자
4. 관계법령
5. 제출자료
6. 그 밖에 해당 현장조사와 관련하여 필요한 사항

[본조신설 2016. 5. 25.]

[제44조의5에서 이동, 종전 제44조의6은 제44조의7로 이동 〈2021. 6. 30.〉]

제44조의7(장애인복지시설 등에 대한 행정처분 기준)

법 제62조제3항에 따른 행정처분의 기준은 별표 5의5와 같다.

[본조신설 2017. 8. 9.]

[제44조의6에서 이동 〈2021. 6. 30.〉]

제45조 삭제 〈2017. 8. 9.〉

제46조 삭제 〈2017. 8. 9.〉

제47조 삭제 〈2017. 8. 9.〉

제48조 삭제 〈2017. 8. 9.〉

제49조 삭제 〈2017. 8. 9.〉

제50조 삭제 〈2017. 8. 9.〉

제51조 삭제 〈2017. 8. 9.〉

제52조 삭제 〈2017. 8. 9.〉

제53조 삭제 〈2017. 8. 9.〉

제54조(의지 · 보조기 제조업소의 개설사실 통보 등)

① 법 제69조제1항에 따른 의지 · 보조기제조업소를 개설한 자는 그 제조업소를 개설한 후 7일 이내에 별지 제31호서식의 통보서에 다음 각 호의 서류를 첨부하여 시장 · 군수 · 구청장에게 제출하여야 한다.

1. 시설 및 장비내역서 1부

2. 제조 · 수리를 담당할 의지 · 보조기 기사자격증 사본 1부

② 제1항에 따라 의지 · 보조기 제조업소의 개설사실을 통보한 후 제조하거나 수리하여야 하는 의지 · 보조기는 법 제65조제2항에 따라 보건복지부장관이 고시하는 의지 · 보조기로 한다.

〈개정 2008. 3. 3., 2010. 3. 19.〉

③ 제1항에 따른 의지 · 보조기 제조업소의 개설 사실 통보 후 다음 각 호의 어느 하나에 해당하는 변경사항이 있으면 그 변경사항을 별지 제31호서식의 통보서에 변경내용을 증명하는 서류를 첨부하여 시장 · 군수 · 구청장에게 통보하여야 한다. 다만, 그 제조업소의 소재지 변경으로 관할 관청이 다르게 되는 경우에는 별지 제31호서식의 통보서를 변경된 소재지를 관할하는 시장 · 군수 · 구청장에게 제출하여야 한다.

〈개정 2014. 8. 6.〉

1. 제조업소의 명칭, 개설자 또는 소재지가 변경된 경우

2. 법 제69조제2항에 따른 의지 · 보조기 기사가 변경된 경우

3. 휴업, 폐업 또는 재개업을 하는 경우

④ 시장·군수·구청장은 제1항과 제3항에 따라 의지·보조기 제조업소의 개설 사실이나 변경 사실을 통보받은 경우에는 별지 제32호서식의 의지·보조기 제조업소 관리대장을 작성·관리하여야 한다.

제55조(장애인복지전문인력의 범위)

법 제71조제2항에 따른 전문인력의 범위는 다음 각 호로 한다.

〈개정 2012. 7. 27., 2017. 11. 23., 2019. 6. 4., 2019. 9. 27., 2022. 9. 6.〉

1. 법 제72조제1항에 따른 의지·보조기 기사(이하 "의지·보조기 기사"라 한다)

2. 법 제72조의2제1항에 따른 언어재활사(이하 "언어재활사"라 한다)

3. 법 제72조의3제1항에 따른 장애인재활상담사(이하 "장애인재활상담사"라 한다)

4. 한국수어 통역사

5. 점역·교정사(點譯·矯正士)

제56조(의지·보조기 관련 교과목)

법 제72조제1항에 따른 의지·보조기 관련 교과목은 별표 6과 같다.

제57조(의지·보조기 기사 자격증 발급신청 등)

① 법 제72조제1항에 따른 의지·보조기 기사 자격증을 발급받으려는 자는 별지 제33호서식의 신청서에 다음 각 호의 서류를 첨부하여 보건복지부장관에게 제출하여야 한다.

〈개정 2008. 3. 3., 2010. 3. 19., 2012. 7. 27., 2016. 12. 30.〉

1. 졸업증명서 또는 이수증명서 1부. 다만, 법 제72조제1항제2호에 해당하는 자의 경우에는 외국학교의 졸업증명서 또는 이수증명서 1부와 의지·보조기 기사자격증 사본 1부

2. 법 제74조제1항제1호 및 제2호에 해당되지 아니함을 증명하는 의사의 진단서 1부

3. 응시원서의 사진과 같은 사진(가로 3.5센티미터, 세로 4.5센티미터) 2장

② 보건복지부장관은 제1항에 따라 의지·보조기 기사 자격증의 발급신청을 받으면 그 신청일부터 14일 이내에 신청인에게 별지 제34호서식의 의지·보조기 기사 자격증을 발급하여야 한다. 〈개정 2008. 3. 3., 2009. 12. 31., 2010. 3. 19., 2012. 7. 27.〉

[제목개정 2012. 7. 27.]

제57조의2(언어재활사 자격증 발급신청 등)

① 법 제72조의2제1항에 따른 언어재활사 자격증을 발급받으려는 사람은 별지 제34호의2서식

의 신청서에 다음 각 호의 서류를 첨부하여 보건복지부장관에게 제출하여야 한다. 다만, 법률 제11010호 장애인복지법 일부개정법률 부칙 제2조에 따른 특례시험을 거쳐 언어재활사 자격증을 취득하려는 사람은 제1호 및 제2호의 서류를 제출하지 아니한다. 〈개정 2016. 12. 30.〉

1. 다음 각 목의 구분에 따른 서류

　　가. 1급 언어재활사 자격증을 발급받으려는 경우: 2급 언어재활사 자격증 사본 및 언어재활사 경력증명서 각 1부

　　나. 2급 언어재활사 자격증을 발급받으려는 경우: 「고등교육법」에 따른 대학원·대학 또는 전문대학의 성적증명서 및 언어재활관찰·언어진단실습·언어재활실습 이수확인서(법 제72조의2제2항 후단에 해당하는 사람은 제출하지 아니한다) 각 1부

2. 「고등교육법」에 따른 대학원·대학 또는 전문대학의 졸업증명서 1부

3. 법 제74조제1항제1호 및 제2호에 해당되지 아니함을 증명하는 의사의 진단서 1부

4. 사진(신청 전 6개월 이내에 모자 등을 쓰지 않고 촬영한 천연색 상반신 정면사진으로 가로 3.5센티미터, 세로 4.5센티미터의 사진을 말한다) 2장

② 제1항에 따른 발급 신청을 받은 보건복지부장관은 그 신청일부터 14일 이내에 신청인에게 별지 제34호의3서식의 1급 언어재활사 자격증 또는 별지 제34호의4서식의 2급 언어재활사 자격증을 발급하여야 한다.

[본조신설 2012. 7. 27.]

제57조의3(언어재활기관)

　　법 제72조의2제2항제1호에 따른 언어재활기관은 언어재활기관의 장 1명과 상근(常勤) 언어재활사 1명 이상을 보유하여야 한다. 　　　　　　　　　　　　　　　　　　〈개정 2015. 12. 31.〉

[본조신설 2012. 7. 27.]

제57조의4(언어재활 관련 학과 등)

① 법 제72조의2제2항제1호나목 및 제2호에 따른 언어재활 관련 학과는 학과명, 과정명 또는 전공명에 언어치료, 언어병리 또는 언어재활이 포함된 학과와 영 제37조제2항에 따른 국가시험관리기관이 언어재활 분야에 해당한다고 인정하는 학과를 말한다.

② 법 제72조의2제2항제2호에 따른 언어재활 관련 교과목은 별표 6의2와 같다.

[본조신설 2012. 7. 27.]

제57조의5(장애인재활상담사 자격증의 발급 신청 등)

① 법 제72조의3제1항에 따른 장애인재활상담사 자격증을 발급받으려는 사람은 별지 제34호의
5서식의 신청서에 다음 각 호의 서류를 첨부하여 보건복지부장관에게 제출해야 한다. 다만,
법률 제13663호 장애인복지법 일부개정법률 부칙 제3조 또는 제4조에 따른 특례시험을 거쳐
장애인재활상담사 자격증을 발급받으려는 사람은 제2호의 서류를 제출하지 않는다.

〈개정 2021. 6. 4., 2022. 9. 6.〉

1. 다음 각 목의 구분에 따른 서류

가. 1급 장애인재활상담사 자격증을 발급받으려는 경우 다음의 구분에 따른 서류

1) 「고등교육법」에 따른 대학원·대학·원격대학에서 별표 6의4에 따른 장애인재활
   관련 교과목(이하 "장애인재활 관련 교과목"이라 한다)을 이수한 사람은 별지 제34호
   의7서식의 이수증명서 1부

2) 2급 장애인재활상담사 자격증 또는 「사회복지사업법」에 따른 사회복지사(이하 "사
   회복지사"라 한다) 자격증을 가진 사람으로서 별표 6의3에 따른 장애인재활 관련 기관
   (이하 "장애인재활 관련 기관"이라 한다)에서 재직한 사람은 해당 자격증 사본 및 장애
   인재활 관련 기관에서 재직한 사실을 증명할 수 있는 경력증명서 각 1부

나. 2급 장애인재활상담사 자격증을 발급받으려는 경우 다음의 구분에 따른 서류

1) 「고등교육법」에 따른 전문대학·원격대학에서 장애인재활 관련 교과목을 이수한
   사람은 별지 제34호의7서식의 이수증명서 1부

2) 사회복지사 자격증을 가진 사람으로서 장애인재활 관련 기관에서 재직한 사람은 해당
   자격증 사본 및 장애인재활 관련 기관에서 재직한 사실을 증명할 수 있는 경력증명서
   각 1부

다. 삭제 〈2021. 6. 4.〉

라. 법률 제13663호 장애인복지법 일부개정법률 부칙 제3조 또는 제4조에 따른 특례시험
   을 거쳐 장애인재활상담사 자격증을 발급받으려는 경우 다음의 구분에 따른 서류

1) 보건복지부장관이 인정하는 단체에서 발급한 장애인재활상담사 관련 자격증을 가진
   사람은 해당 자격증 사본 1부

2) 사회복지사 자격증을 가진 사람으로서 장애인재활 관련 기관에서 재직한 사람은 해당
   자격증 사본 및 장애인재활 관련 기관에서 재직한 사실을 증명할 수 있는 경력증명서
   각 1부

2. 「고등교육법」에 따른 대학원·대학·전문대학 또는 원격대학의 졸업증명서 1부

3. 법 제74조제1항제1호 및 제2호에 해당되지 아니함을 증명하는 의사의 진단서 1부

4. 사진(신청 전 6개월 이내에 모자 등을 쓰지 않고 촬영한 천연색 상반신 정면사진으로 가로 3.5센티미터, 세로 4.5센티미터의 사진을 말한다) 2장

② 제1항에 따른 발급 신청을 받은 보건복지부장관은 그 신청일부터 14일 이내에 신청인에게 별지 제34호의6서식의 장애인재활상담사 자격증을 발급하여야 한다. 다만, 법 제72조의3제2항에 따라 외국의 대학원·대학·전문대학에서 제57조의6제1호에 따른 장애인재활 분야의 학위를 취득한 사람의 신청에 대해서는 외국에서 학위를 취득한 사실에 대한 조회가 끝난 날부터 14일 이내에 자격증을 발급한다.

[본조신설 2017. 11. 23.]

제57조의6(장애인재활 분야 등)

법 제72조의3제2항에 따른 장애인재활 분야·관련 기관·관련 교과목의 범위는 다음 각 호와 같다.

1. 장애인재활 분야는 직업재활, 재활상담, 재활복지, 재활학이 포함된 학과·과정·전공 및 영 제37조제2항에 따른 국가시험관리기관이 인정하는 장애인재활 관련 분야를 말한다.

2. 장애인재활 관련 기관은 별표 6의3과 같다.

3. 장애인재활 관련 교과목은 별표 6의4와 같다.

[본조신설 2017. 11. 23.]

제58조(자격등록대장)

보건복지부장관은 제57조제2항, 제57조의2제2항 또는 제57조의5제2항에 따라 의지·보조기 기사 자격증, 언어재활사 자격증 또는 장애인재활상담사 자격증(이하 "자격증"이라 한다)을 발급한 경우에는 별지 제35호서식의 의지·보조기 기사 자격등록대장, 별지 제35호의2서식의 언어재활사 자격등록대장 또는 별지 제35호의3서식의 장애인재활상담사 자격등록대장에 그 자격에 관한 사항을 등록하여야 한다.

[전문개정 2017. 11. 23.]

제59조(자격증 재발급신청 등)

① 의지·보조기 기사, 언어재활사 또는 장애인재활상담사(이하 "의지·보조기 기사등"이라 한다)는 자격증을 잃어버리거나 그 자격증이 헐어 못 쓰게 된 경우 또는 자격증의 기재사항이 변경되어 재발급을 받으려는 경우에는 별지 제33호서식, 별지 제34호의2서식 또는 별지 제34호의5서식의 신청서에 다음 각 호의 서류를 첨부하여 보건복지부장관에게 제출하여야 한

다. ⟨개정 2008. 3. 3., 2010. 3. 19., 2012. 7. 27., 2016. 12. 30., 2017. 11. 23.⟩

1. 자격증(자격증을 잃어버린 경우에는 그 사유 설명서) 1부

2. 사진(신청 전 6개월 이내에 모자 등을 쓰지 않고 촬영한 천연색 상반신 정면사진으로 가로 3.5센티미터, 세로 4.5센티미터의 사진을 말한다)2장

3. 변경 사실을 증명할 수 있는 서류(자격증의 기재사항이 변경되어 재발급을 신청하는 경우에만 해당한다) 1부

② 보건복지부장관은 제1항에 따른 재발급 신청을 받으면 별지 제35호서식의 의지 · 보조기 기사 자격등록대장, 별지 제35호의2서식의 언어재활사 자격등록대장 또는 별지 제35호의3서식의 장애인재활상담사 자격등록대장에 그 사유를 적고 자격증을 재발급하여야 한다.

⟨개정 2017. 11. 23.⟩

제60조(자격증의 회수 · 반환 등)

① 보건복지부장관은 의지 · 보조기 기사등에 대한 자격취소 또는 자격정지처분을 한 때에는 지체 없이 그 사실을 해당 의지 · 보조기 기사등의 주소지를 관할하는 시 · 도지사에게 알려 시 · 도지사로 하여금 해당 자격증을 회수하여 보건복지부장관에게 제출하게 하여야 한다.

⟨개정 2008. 3. 3., 2010. 3. 19., 2012. 7. 27.⟩

② 보건복지부장관은 의지 · 보조기 기사등의 자격정지기간이 끝나면 제1항에 따라 회수된 자격증을 관할 시 · 도지사를 거쳐 그 의지 · 보조기 기사등에게 돌려주어야 한다.

⟨개정 2008. 3. 3., 2010. 3. 19., 2012. 7. 27.⟩

제61조(보수교육의 대상 및 실시방법 등)

① 법 제75조에 따른 보수교육은 다음 각 호의 어느 하나에 해당하는 자에 대하여 명할 수 있다. ⟨개정 2012. 7. 27., 2015. 5. 4., 2017. 11. 23.⟩

1. 의지 · 보조기 기사 자격을 취득한 후 의지 · 보조기제조업에 종사하는 자(5년 이상 의지 · 보조기제조업에 종사하지 아니한 사람으로서 다시 의지 · 보조기제조업에 종사하려는 사람을 포함한다)

1의2. 언어재활사 자격을 취득한 후 언어재활 분야에 종사하는 사람(5년 이상 언어재활 분야에 종사하지 아니한 사람으로서 다시 언어재활 분야에 종사하려는 사람을 포함한다)

1의3. 장애인재활상담사 자격을 취득한 후 장애인재활 분야에 종사하는 사람(5년 이상 장애인재활 분야에 종사하지 아니한 사람으로서 다시 장애인재활 분야에 종사하려는 사람을 포함한다)

2. 법 제77조에 따른 자격정지처분을 받은 자

② 제1항에 따른 보수교육은 다음 각 호의 구분에 따라 실시한다.

〈개정 2012. 7. 27., 2014. 12. 16., 2015. 5. 4., 2017. 11. 23.〉

1. 의지 · 보조기 기사: 의지 · 보조기 기사를 회원으로 하여 의지 · 보조기 관련 학문 · 기술의 장려, 연구개발 및 교육을 목적으로 「민법」에 따라 설립된 비영리법인이 실시하고, 교육시간은 2년간 8시간 이상으로 한다.

2. 언어재활사: 법 제80조의2에 따른 한국언어재활사협회(이하 "한국언어재활사협회"라 한다)가 실시하고, 교육시간은 연간 8시간 이상으로 한다.

3. 장애인재활상담사: 장애인재활상담사를 회원으로 하여 장애인재활 관련 교육을 목적으로 「민법」에 따라 설립된 비영리법인이 실시하고, 교육시간은 연간 8시간 이상으로 한다.

③ 보수교육의 실시시기, 교과과정, 실시방법, 그 밖에 보수교육의 실시에 필요한 사항은 제2항 각 호에 따른 보수교육 실시기관의 장(이하 "보수교육실시기관장"이라 한다)이 정한다.

〈개정 2012. 7. 27., 2015. 5. 4.〉

제62조(보수교육계획 및 실적 보고 등)

① 보수교육실시기관장은 매년 1월 31일까지 별지 제37호서식의 해당 연도 의지 · 보조기 기사 보수교육계획서, 별지 제37호의2서식의 해당 연도 언어재활사 보수교육계획서 또는 별지 제37호의3서식의 해당 연도 장애인재활상담사 보수교육계획서를 보건복지부장관에게 제출하고, 매년 3월 31일까지 별지 제38호서식의 전년도 의지 · 보조기 기사 보수교육실적 보고서, 별지 제38호의2서식의 전년도 언어재활사 보수교육실적 보고서 또는 별지 제38호의3서식의 전년도 장애인재활상담사 보수교육실적 보고서를 보건복지부장관에게 제출하여야 한다. 〈개정 2017. 11. 23.〉

② 보건복지부장관은 제61조제2항 각 호에 따른 보수교육 실시기관의 보수교육 내용 및 운영 등에 대하여 평가할 수 있다. 〈신설 2015. 5. 4.〉

③ 보수교육실시기관장은 보수교육을 받은 자에 대하여 별지 제39호서식의 의지 · 보조기 기사 보수교육 이수증, 별지 제39호의2서식의 언어재활사 보수교육 이수증 또는 별지 제39호의3서식의 장애인재활상담사 보수교육 이수증을 발급하여야 한다. 〈개정 2017. 11. 23.〉

[제목개정 2015. 5. 4.]

제63조(보수교육 관계서류의 보존)

보수교육실시기관장은 다음 각 호의 서류를 3년간 보존하여야 한다.

1. 보수교육 대상자 명단(대상자의 교육 이수 여부가 명시되어야 한다)

2. 그 밖에 이수자의 교육 이수를 확인할 수 있는 서류

제64조(행정처분기준)

법 제70조제2항 및 법 제77조에 따른 행정처분의 기준은 별표 7과 같다.

제65조(수수료)

① 의지 · 보조기 기사등 국가시험에 응시하려는 자는 법 제78조에 따라 영 제37조제2항에 따른 국가시험관리기관의 장이 보건복지부장관의 승인을 받아 결정한 수수료를 현금으로 내거나 정보통신망을 이용한 전자화폐 · 전자결제 등의 방법으로 내야 한다. 이 경우 수수료의 금액 및 납부방법 등은 영 제37조제3항에 따라 국가시험관리기관의 장이 공고한다. 〈개정 2008. 3. 3., 2010. 3. 19., 2012. 7. 27.〉

② 자격증의 발급 또는 재발급을 받으려는 자는 법 제78조에 따라 수수료를 2천원에 해당하는 수입인지로 내거나 정보통신망을 이용하여 전자화폐 · 전자결제 등의 방법으로 내야 한다.

③ 삭제 〈2012. 7. 27.〉

제66조 삭제 〈2012. 7. 27.〉

제67조(규제의 재검토)

보건복지부장관은 다음 각 호의 사항에 대하여 다음 각 호의 기준일을 기준으로 2년마다(매 2년이 되는 해의 기준일과 같은 날 전까지를 말한다) 그 타당성을 검토하여 개선 등의 조치를 해야 한다. 〈개정 2018. 6. 20., 2018. 12. 28., 2020. 12. 31.〉

1. 제41조 및 별표 4에 따른 장애인복지시설의 종류: 2015년 1월 1일

2. 제42조 및 별표 5에 따른 장애인복지시설의 설치 · 운영기준: 2015년 1월 1일

3. 제44조의2에 따른 장애인 거주시설 이용 절차 등: 2015년 1월 1일

4. 제52조에 따른 우수업체 지정 시 제출서류: 2015년 1월 1일

5. 삭제 〈2022. 12. 30.〉

6. 제61조에 따른 보수교육의 대상 및 실시방법: 2015년 1월 1일

7. 삭제 〈2020. 12. 31.〉

[본조신설 2015. 1. 5.]

제68조(서식)

① 제4조제1항에 따른 장애인등록카드, 제24조제1항에 따른 학비지급신청서, 제24조제1항 및 제38조제1항에 따른 소득ㆍ재산신고서 및 금융정보등의 제공 동의서, 제31조에 따른 자금대여신청서, 제32조제1항에 따른 자금대여 결정통지서 및 자금대여 관리카드, 제38조제1항에 따른 장애수당등 지급신청서, 영 제34조제1항에 따른 자녀교육비 및 장애수당등의 환수결정 통지서, 제44조의2제1항에 따른 장애인 거주시설 이용신청서 및 소득ㆍ재산신고서, 같은 조 제2항에 따른 장애인 거주시설 이용 적격성 및 본인부담금 결정 통보서, 제44조의6에 따른 현장조사서는 사회보장급여와 관련하여 보건복지부장관이 정하여 고시하는 공통 서식에 따른다. 〈개정 2010. 3. 19., 2012. 4. 10., 2012. 7. 27., 2016. 5. 25., 2016. 11. 24., 2017. 8. 9., 2022. 9. 6.〉

② 영 제33조의4제1항에 따른 장애인복지급여수급계좌 입금 신청서는 별지 제42호서식에 따른다. 〈신설 2016. 11. 24.〉

[전문개정 2009. 12. 31.]
[제목개정 2016. 11. 24.]

부칙 〈제932호, 2022. 12. 30.〉

(행정규제기본법에 따른 일몰규제 정비를 위한 7개 법령의 일부개정령)
이 규칙은 공포한 날부터 시행한다.

장애인복지법

초판 인쇄 2023년 3월 11일
초판 발행 2023년 3월 15일

지은이 편집부
펴낸이 김태헌
펴낸곳 토담출판사
주소 경기도 고양시 일산서구 대산로 53
출판등록 2021년 9월 23일 제2021-000179호
전화 031-911-3416
팩스 031-911-3417